「お母様」

ドクター・中松

はしがきにかえて

母への歌　母からの歌

母と私は、しばしば「和歌」を詠み合っていました。

母が私の折々の記念日に歌をおくってくれて、それに私が返歌する。

あるいは何かの折に、母への想いを一層募らせて、私が母にしたためた歌に、母がまた愛情に満ちた歌を返してくれる。

母と私は、そのように心を通わせ合って生きてきました。

そうして、それは今も続いているのです。

私はいつも事あるごとに、今でも、卒業した母に語りかけています。

朝目覚めたとき。仕事の手をふと休めるとき。おいしいものを食べているとき。感動的な映画を観たとき。何か素晴らしい発想をしたとき。一日の終わりに床に就くとき……。

今そのとき、心の中にある模様を描いて、歌を、母に贈るのです。

そうすると母は必ず、その歌に応えて、返歌してくれるのです。

私の耳元にそっと、囁《ささや》いてくれるのです。

人は皆、母から生まれます。

子がこの世に生まれ出る前からずっと、母と子は命をともにしているのです。

ですから、この世にその姿があるかどうかにかかわりなく、永久に子は母の姿を感じ、母の声を聴くことができるのです。母の想いを受け取ることができるのです。

それは、私ばかりでは、もちろんありません。母から生まれたすべての人々にとって、それぞれ形は違っていても、きっと同じような心の通信があるはずです。

母との想い出を語るならば、母とのそうした、今も続く交信を、抜きにはできません。

それゆえ、本書の中にも、私は母への歌と、母からの歌を挿んでいくことにしました。

これからもずっと、母と私の交信は続くのです。

平成二十年　秋

著　者

「お母様」目次

第5章 **祈り** Remember My mother in my Prayer

編集協力　堀口真理

プロローグ

想い出の始まり

Memorial Commencement

世田谷の家の庭で花を愛でる、
慈愛に満ちた母の美しい横顔。
おでこの張りは前頭葉が発達した、
最高の頭脳をもつ証です。

想い出の始まり
Memorial Commencement

お母様。
あの日から、
はや九年の歳月が経《た》たんとしています。
お母様が美しい目をお閉じになった日。
この式典を Memorial Commencement ――としました。

お母様。
お母様の
限りなく果てしなく、
尽きることのない愛と同じように、
お母様御自身も、

ここに永久に生き続けられることを信じ、
この日を、
Memorial Commencement
――「記憶の始まり」の日であり「卒業式」である
としたのです。

お母様。
そうはいっても、
そのような心に至るまでには、
とても時間がかかりました。
当然です。
どんなに否定しようにも、
普通の考え方では、科学的、生物学的、医学的には、
「死」
と一般の人が呼んでいることであったのですから。

お母様。
お母様の胸からこんこんと
湧き出づる乳を飲み、
溢れ出づる愛情を注がれ、
私は生かされ、生きてきたのです。
お母様の生命の尽きることがあれば、
私はもはや身も心も潤うことができず、
魂ごと枯れ果て、朽ちてゆく――。
幼い頃からずっと、私はそのように考えていました。
私はやがて成長し、巣立ってゆきました。
それでもお母様とは終生、
「一心、一体」――
お母様が生きていないということは、
私も生きていないということです。

それは、お母様が年を重ねてゆくにつれ、
最大の問題事でした。
私の心にしばしかげりを落としていた思いでした。
その瞬間のくることを
何にもまして怖れ、おののき、
それはあってはいけないこと、
だから、何ものを引き換えにしてでも、
それを避けなければいけない。
そう思っても、
生きとし生けるものの宿命に抗う力は、
地上のいかなる人にも与えられてはいません。

お母様が死ねば、私も死ぬ。
だからこそ、私は、これは「死」ではない、と。
そう考えなければ理屈が通らなかったのです。

断じてそれは、「死」ではない、と――。

お母様。私が生き続けるためには

お母様は生きていなければならないのです。

それゆえ、私は、「発明」をしたのです。

お母様は「卒業式」を迎えたと。

それはお母様の「想い出の始まりの日」であることを。

母は死んだのではない。

私はそう考えることにしました。

そうなれば「お葬式」もないわけです。

しかし世間的には、こういう場面にあっては、なにかしら、儀式も必要です。

であれば、ここはやはり私のことですから、自分自身も、そして世間の人々も納得する形での、お母様を想う人々とともに母を偲ぶ儀式を、ひとつ発明しなければなりません。

私が理論構築した創造学。その三要素である、

「一、スジ　二、ピカ　三、イキ」。

そのどれをも満足させる、お葬式の発明です。

そこで最終的に行き着いた発明が、
Memorial Commencement
だったのです。

日本では「卒業式」は、いわばゴールかエンディングのイメージなのですが、欧米では、これをcommencementといい、「新しい門出」を祝う儀式として執り行なわれ、祝福を受け、そして家族、親戚、友人と共にその歓びを心に刻む集いでもあるのです。

つまり、ひとつの区切りであり、それは同時にひとつの始まりであること。

「スジ」でいえば、そういうことになります。

そしてこの始まりは、流れる時の一通過点ではあるのですが、新たなる人生の始まりとして、私はここに「想い出――Memorialの始まり」としたのです。

これが、「ピカ」です。

記念すべき卒業式が、想い出の始まりであること。

それによって、私をはじめ、ゆかりの人々が母を心から偲び、母の想い出が深く刻まれ、そして鮮やかに蘇ってくること、そうして、母の魂も人々の心も共に歓びに満ち溢れること。

世の人々の心に生きる、これが「イキ」です。

お母様。
そうです。
お母様は、最後の最後まで、
私を激励し続けてくださったのでしたね。
そうしてここにきてもなお、
私に、新しい生き方の機会を与えてくださった。
そこで漸《よう》く、
悲しみに包まれ、暗闇に深く落ちていた私の心も、
少しく生気を取り戻したようでした。
私はここでも、お母様、あなたに救われたのです。

慈愛に満ち、
穏やかな笑みをたたえた、面長で白く美しいそのお顔、
語りかければ必ずやかえってきた、艶やかなそのお声。
もちろん、今でも、
お母様のお姿はいつでも、私の目の前にあります。

お母様の囁《ささや》きをいつでも、耳にすることができます。
お母様。
そうして、
あの日から九年の時を経て、
なお褪《あ》せることのない、
いやむしろ、
年を経るごとに
一層、
鮮やかに、
輝きを放ち、
美しさをたたえる、
お母様の想い出。
お母様と私との、
「想い出の始まり」から遡って、
ヴィヴィッドに蘇ってくる想い出は、
無尽の宝なのです。

「私がついています」

——母より——

私がいないと、悲しまないでね。
私はいますよ、私がついています。
じいっと、見ていますよ。
あなたを
ずうっと、護っていますよ。

私がついていますよ。
いつもあなたと一緒。
私がついています。
さあ、元気を！

第1章

たらちね

In the Bosoms of My mother

私の初めての発明——
「自動重心安定装置」が
５歳の時に生まれました。
息子の満面の笑みが、
母の幸せでもあり
誇りでした。

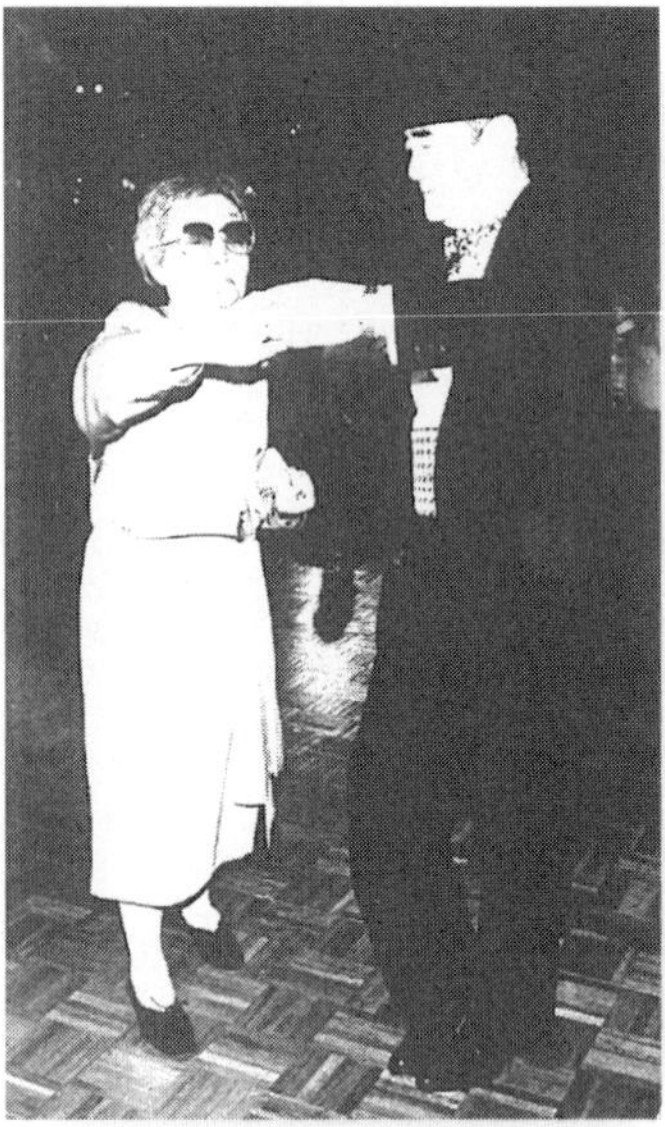

ダンスでも母と息子は
「一心、一体」のパートナー。
二人の華麗なる
ダンス・ステップに、
会場全員の注目が集まりました。

母と、逞《たくま》しく成長した息子。
世界に突き進む私に
いつもエールを
おくってくれる母と、
休日には安らぎの時間を、
共に過ごしました。

母子の原風景

たらちね

大きな踏石

緑の絨毯《じゅうたん》のような庭。

私が生まれた家は、今の東京・明治通りの角地にありました。しっかりとした檜《ひのき》の観音開きの門には中央に大きく重い銅の輪が二つ、寄り添って付いています。これが強烈なアクセントとなってひときわ目立ち、門が面する交差点一帯の風景を、引き立てていました。

庭は、一面に芝生が敷き詰められ、その周りに、輪を描くように木が茂っていました。

その木を、輪を描きながら伝っていくと、家屋の縁側に突き当たります。

そこには一畳ほどの大きな踏み石があり、幼い私でもその踏み石に足をかけて、縁台によじのぼり、縁側から家の中に入れるようになっていました。

東京市の中心部にして百坪ある土地の庭は、幼い私には広々とした世界でした。

模型飛行機の試作品を作って飛ばしてみたり、雪の降り積もる頃には橇《そり》を作って滑らせたり、ときにはただ駆け回ったり――それは三歳の私をすっぽりと包む世界でした。

そうしてその庭よりももっと広い世界、いや、世界よりもっと広い宇宙が、その飛び石の先に、ありました。

少し遊び疲れた頃、私は、とん、とん、とん……と、飛び跳ねるようにして、木陰を伝っていきます。

輪を描くようにして、とん、とん、とん……。

やがて、大きな踏み石のところまで辿り着きます。

そこで小さな靴を脱いで、裸足で、縁側のガラスの引き戸をそろそろと開け、縁側によじのぼります。

そこは、サンルームのような縁側の廊下。降り注ぐ陽の光りを反射して、母が丹念に磨いた床がきらきらと光りを放っている、光りの間。

光りの間の、向かい側。

障子を隔てた、向こう側。

私は知っています。

その部屋には、大いなる宇宙が広がっていること。

宇宙の中で

光りの間と宇宙のある部屋を隔てる障子。

そっと小さな手を障子の桟《さん》にかけ、すこしずつすこしずつ、障子を引きます。

ようやく自分の身体と同じくらいの幅に開いた隙間から、滑るように、部屋の中に入っていきます。

部屋の右手の奥には、床の間。左手の奥には、隣の部屋と仕切るふすまがありました。

そのふすまの少し手前が、いつもの場所でした。

母が、いつも座っている場所。

光りの間から部屋に入った私の目にも、障子からこぼれる陽に、部屋の対角線にそって映し出されている、母の長い影が入ります。

私はまず、真っ直ぐ、右手奥の床の間に向かいます。

小さな歩幅で、少しだけ跳ねるように、た、た、た……と。

そこで、四十五度身体をターンさせます。

そうして、また真っ直ぐに、今度は、廊下とは反対側の奥の角に向かっていきます。

た、た、た……と。

そこには、母の長い影の先があります。その影を踏まないように、その影の手前で私は止まります。

そうして、そこから、また母の影を踏まないように、そしてその影に沿うようにして、部屋の対角線を、た、た、た、た、た、た……。

正座をしている母の目の前に、私は現れます。

母の目と、私の目が合い、お互いにっこりと笑い合います。

私はゆっくりと手を、母の膝に当て、そうしてその膝に、よじのぼります。

それから――。

そっと、母の着物の襟《えり》に、小さな手をかけます。

左手を、母の右の襟元に。右手を、母の左の襟元に。

それからそうっと、そうっと、開いていきます。
目の前に、光りの間よりももっと明るい、白く明るい宇宙が見えてきます。
白磁の器のように、ふっくらと豊かに、それは煌々と輝いているのです。
目に眩しく光る白磁は、手には熟した果実のように柔らかく、そして温かいのでした。
柔らかい白磁に差された薄桃色の花の蕾み。
その蕾みを口に含みます。
間もなく、口の中に広がる、ほんのりと酸く、甘い、温もり。
私の身体は、宇宙に抱かれ、包み込まれます。
その宇宙の中にぽっかりと浮かんで、ゆっくりと揺れています。
ゆらゆら、ゆらゆら、安楽椅子に揺られるように、揺られています。
見上げると、そこには、母の慈しみに満ち満ちた顔が、私を見守っています。
目で笑うと、また母も目で笑います。
安寧と至福の時空――。
満たされて、そっと口元の蕾みを外します。
薄桃色の蕾みから、一条の白い筋が滴ります。
それをそっと小さな指で受けとめて、そうして口元に運びます。
ほんのりと酸く、甘く、温い、残り香――。

そうしてゆっくりと安楽椅子から降り、来たときの道を辿って——、た、た、た……と、部屋の反対側の角まで、そこから床の間の前を通って、そこで四十五度まわって、わずかに開かれた障子の隙間からすべるように、光りの間。

さっきは目の眩むようだった光りの間も、もはや眩しさは覚えず、私の目には、白磁と薄桃色の蕾みの残像だけが浮かび上がっています。

縁側の引き戸から縁台へ、そうして踏み石に残された小さな靴を履いて、また木陰を伝って、庭に出るのです。

これが、一日のうちに、何度か繰り返されました。

私の六歳の頃まで、それは、続きました。

これが、母と私の、原風景です。

母の奇蹟《きせき》

三歳の頃に母が私に教えてくれたことを、今でもよく覚えています。

しかし、もし私が自らの最初の記憶を何かに表すとすれば、それは、六歳まで、日々繰り返された母の膝の上、母の胸の中の、安寧と至福の時空。母の宇宙の中にいる私。

その、母と息子の原風景。


母は私を、生まれたときからすべて、母乳で育てました。

後年私は自らの研究の中で、牛乳よりも母乳で育てた子供のほうが、脳の発達が良いということを発見し証明したのですが、母は私が生まれたときからそれを知っていて、母乳以外の乳を私に飲ませようとはしませんでした。

いつでもどこでも、母乳を、自分の乳を、息子に飲ませました。

そうしてそれは、私が六歳になるまで、続いたのです。

通常、産まれた子の授乳期、つまり乳を与えるのは一歳頃まで、離乳食との混合期を合わせても、せいぜい二歳頃までです。そうしてその時期を過ぎると、母親のほうも次第に乳が出なくなるのが普通です。

中には子供の離乳の後にも延々と乳が出続けるお母さんもいるようですが、せいぜい出産後三年くらいまでといいます。

しかし、母は私を心から愛し、その心が長く乳を出すという奇蹟《きせき》を起こしたのか、六歳になっても私の喉を潤し、そうして私は五感のすべてでそれを享受することができたのです。母の乳を、鮮やかに私の脳とからだの中に吸収することができたのです。

これは決して、想像で言っているのではありません。


原風景の時から、およそ四十年後の、夏のある晩。

結婚した私のマンションに、母は毎週末、父と連れ立って一晩泊まりがけで訪れます。

もうとうに、私の家内や子供たち、父も母も寝室に入って休んでいる時間ですが、風呂場の前を通りかかると、お風呂場から、水音が聞こえてきます。

「誰だろう——」

お風呂場のドアがほんの少し、開いています。あまりの暑さに、蒸気がこもってのぼせてしまわないよう、少し風を入れていたのでしょう。

否応なく、その隙間から、洗い場にいる人の姿が垣間見えます。

「あっ……」

母です。

寝返りを打つだけでも汗の噴き出してくるような暑い晩でしたから、母はひと汗流そうとしたのでしょう。

その母の姿を見た瞬間、私は息をのみました。幼児の目から見ていた母と、今やその幼児が大人となって見る母。

ドアの隙間からわずかに私の目に捉えられた、ギリシア彫刻のビーナスの様に美しくなまめかしい女体。つやつやと輝き、透き通るように白く、滑らかな肌。

その中でもふっくらと、丸く、ぴんと張り出している、乳房。

瑞々しい、乳房。

それは、七十の女性の乳房ではありません。

間違いなく、三十かそこらの女性の乳房です。

しかしそこに居るのは、確かに七十の母なのです。

眩しく煌々と輝く白磁に、薄桃色の花の蕾み。

おそらくそれはまた、熟した果実のように柔らかく、温かいのでしょう。

寝室に戻った後もしばらく、白磁と薄桃色の蕾みの残像と、ほんのりと酸く、甘い、残り香が漂っていました。

それは、夢のような美しい風景でした。

しかし、現実でした。

母の乳房は、私の幼子の頃のそれと、同じ姿を保っているのです。

これが、母の力なのだ――。
そう、思いました。そう思うほか、ありませんでした。
六歳まで、私に乳を与え続けた乳房。
それは、子へのあまりにも強すぎる母の、ほとばしる愛情の力。
七十になっても、なお若く瑞々しく、ふくよかでぴんと張った乳房。
それは、母がずっと、母であること。永遠に母であり続けていることの、証。
そして女性としてもビーナスの様に最高の女性である、証。
永遠の母――。
聖母の奇蹟の姿なのです。

わらびぜんまいうらじろは
ほうしでふえる しだのるい

三つ児の我に教へたまひし、母

My Mother, a wizard at teaching

お母様。
いつものようにお母様に手を引かれて、
あれは買い物の途中だったでしょうか。
通りの向こうから、
若くて美しい女性がこちらに向かって歩いてきます。
子供心にもちょっと惹かれる容貌でした。
そうして私たちとすれ違います。
その女性とすれ違いざまにお母様は、
そっと私の耳元でささやいたのでしたね。
「ヒコページはよいけれど、マメページはどうかしら」
これは「国語の時間」。
そうしてあるときは、
机の上から転がった消しゴムが見えなくなって、

私が途方にくれていたら、
「私がさがしてあげます」
ではなく、
「新しい消しゴムを買ってあげます」
でもなしに、
お母様はおっしゃったのでしたね。
「最後まで諦《あきら》めずに探しなさい。
きっと見つかります。
なぜなら、
『熱力学、物質不滅の原理あり』
だからです」と――。
そのとき私が懸命になって消しゴムを探すその部屋は、
「物理の教室」となりました。
そうしてその教室では、
私は熱力学だけではなく、
「物を大切にする」ことを学びました。
「諦めない」ということも、

このとき身につきました。

私の数々の成功を生んできた私自身の第一の信条、

「ネバー・ギブアップ」

この精神は、
まさにこのときから植えつけられたのです。

お母様。
お母様は、あらゆる教育の天才です。
お母様の教へたまひしこと。
そのひとつひとつがどれも、
私の血となり、骨となり、
八十年経った今も
私の身体じゅうを生き生きと巡り、
頑丈な構えを保っています。
そうしてこの先も、
決してそれが
絶ゆること、果つることはないのです。

普通の子供がお砂遊び、積み木、トンボ釣りに興じているのに、私が三歳の頃から、母は私に「学問」の手ほどきを始めたのです。この学問も、物理、英語、国語、歴史、地理……と、それはありとあらゆる学問ジャンルにわたっていました。内容も、生半可なものではありません。物理でも熱力学の法則などという、学者にとっても難解高度な理論を、私は三歳にして母から教わったのです。

もちろん、大学の講義室で延々ときかされるつまらない演題を、母が私を目の前にして繰り広げたわけではなく、また、昔の寺子屋のように、机をはさんで、母が私に手取り足取り教授したわけでもありません。

母といる部屋、母と出掛ける公園、母と歩く道のどこでも、母といる時間ならいつでも、にわかにそこが学び舎となり、その折々が学びの時となるチャンスにあふれていました。

学びのテーマはいつも何かしら、母と私の周りにありました。それをその時、その場所で、母は上手にすくいとって、私に与えてくれるのです。

こうして母に手渡しされた学問は、私にとっては臨場感をともなった、立体感のある学問、生の学問、生きた学問です。

自分の耳できき、目で見て、手で触れながら、教えられたのです。

五感すべてでとらえたものが、どんどん私の中に吸収されていきました。

母はそのように、ありとあらゆる機会をとらえて、三歳の子供の能力で最大限にものごとを広く深く学び取り理解できるよう、母ならではの「教授法」をいくつも発明していたのです。

ちなみに、

「ヒコページはよいけれど、マメページはどうなのかしら」

種あかしをすれば、「彦」「頁」に「豆」「頁」。

つまり、「顔」と「頭」。

「美人だけど、おつむのほうはいかがなものかしらね」

ここで私は、たった今、目の前を通り過ぎていった女性の印象もさめやらぬ中で、二つの漢字を対比させながら、生々しくその場で覚えてしまうというわけです。しかも、

「美人だからつい見とれてしまうけれど、肝心なのは、中身なのです」

という、何十年か後の私にはきわめて重要となる教訓も、セットになって——。

「熱力学」は、アインシュタインのE＝MC２なる理論なども含んだ、非常に高度にして難解な理論。とてもひとことで説明できるようなものではありません。しかし消しゴムが転がったのを見るやここぞとばかりに、三歳の子供にも理解可能なひとつの部分をうまく切り取って、実体験の中で学ばせたのです。

熱力学によれば、物質は不滅。エネルギ不滅の原理によって、転がった消しゴムは、必ずどこかにあるはず。

「だから、徹底的に探しなさい。きっと、見つかります」

見失った消しゴムを一所懸命に探す子供は、そこで物ひとつの大切さを知り、徹底的に、諦めない精神を宿すことになります。そういったことを身をもって学びとりながら、そこで教わる理論も、そのとき

の体験の記憶にくっついて、幼い子供でも物理を深く頭に刻みこまれることになるのです。

さらに母は、

『ぶっしつ　ふめつの　げんりあり』

と、いつもリズミカルに言葉を操って、うたうように教えてくれました。


春の昼下がり。

郊外の森林に、母と遊びに行ったときのこと。

樹々のつくる日陰をゆくと、山菜の芽吹いたばかりの若芽や若い葉があたり一面に茂っています。

それを見て母は、

「新しいお歌ができましたよ。

『わらび　ぜんまい
　　うらじろは
　　　ほうしで　ふえる
　　　　しだのるい』」

二人で歌を口ずさんでは笑いながら、わらびやぜんまいを摘んで、その晩は、京都出身らしい母の薄味の上品な、季節の山菜のおひたしが食卓いっぱいに並びました。

また、深まる秋の夕方には、母が台所で、また新しい一句。

「『にしん　さけ　たら
　ます　かに　こんぶ』

今年は、大漁のようですね」

膳に出された海の幸にお腹をいっぱいにしながら、この歌をまた母とうたいます。

わらびぜんまい……の七五調の歌は、生物学科、「植物学」の講義でした。植物のうち、種子ではなく胞子により繁殖する類をいったものです。

にしんさけたら……のほうは、「地理学」の勉強。北海道沿海の海産物を七・七で。

英語の勉強は、「ぶっと、すかしながら」――。これは、but「しかしながら」。

いつだったか、本屋さんで、ゴロあわせで英単語を覚える秘訣集のようなものを見かけたことがありますが、そういう本が世に出る半世紀以上も前に、母はこうした「ゴロ単」を発明していたのです。

万事がこの調子で、果てはモールス信号に至るまで。

「イロハのイは、トン／ツー、『イトー』。イロハのロは、トン／ツー、トン／ツー、『路傍歩行（ろぼーほこー）』。イロハのハは、ツー／トトトで、『ハーモニカ』と覚えなさい」

モールス信号の、トンは・、ツーは－。文字形のビジュアルと、音と韻を絶妙に組み合わせて母がつくったモールス信号のイロハ。これは私の脳裏に、しっかりと焼き付けられました。

私が入った海軍機関学校では、就寝前に、翌朝何時に起床してどこに集合するという指令を受けるのも、寝室に備え付けられた赤い電灯が点滅するモールス信号からで、海軍では日常の中の必須伝達手段でした。海軍で絶対必要のこのモールス信号を、他の誰よりもいち早く覚えて使いこなせ、失敗がなかったというのも、この母流モールス教育のたまものでしょう。

それにしても母は、このモールス信号をどこで覚えたのでしょうか。

例えば「手旗信号」くらいなら、当時の国民学校や尋常小学校などで教わったという話はほかでも聞きますが、モールス信号となると、それこそ軍関係や海船関係、逓信関係の従事者ならともかく、およそ一般の民間人に普及していた通信手段ではありません。

当時の私は「母は何でも知っている」と思っていましたから、このようなものをどうして母が知っていたかなどと疑問にも思いませんでしたが、後々になって、どうにも不思議でしょうがありません。それだけ母がいろいろなことに好奇心をもって、どこかしらで調べたり教わりに行ったりして、知識を得てきたのであろうことは想像もつくのですが、それにしても母のその尽きることなき無限大の知的好奇心、新しいものに臆せず飛び込む積極性と行動力は、こんなところにも垣間見え、ただただ敬服の一言に尽きます。


思えば、三歳の私にあらゆるジャンルの学問の手ほどきをしたのも、その自分の好奇心と探究心を、我が子にも伝えたい一心だったのかもしれません。

三歳というのは、知性、感性の発達にはきわめて重要な時期で、例えば音感などにしても、この頃までに身につけるのとそうでないのとでは、非常に大きな差が出るといいます。この三歳までに身につけた音感は一生身体の中にあって忘れないけれども、それ以降に音楽を学ばせても、いわゆる絶対音感などは身につきにくいのだそうです。

外界からの刺激を三六〇度からキャッチできるアンテナのような感受性。スポンジのように吸い込んで身体中にしみ込ませる浸透力。そんなアンテナとスポンジ効力が最大限に発揮され、感性や知性がすくすくと育つ三歳時。その三歳時に、外界からどのようなものを受けるか、どのように与えられるかによって、その子の将来は大きく分かれます。

「三つ児の魂百まで」

戦前は、女性は東大に入れなかったため、当時「女性の東京大学」といわれた東京女子高等師範学校、今のお茶の水女子大に入学、首席で卒業して、教育者であった母は、それをよく心得ていました。

このように私は三歳から英才教育を受け、五歳で最初の発明ができたのです。発明した自動重心安定装置を取り付けた、手づくりの模型飛行機。それを完成させた才は、五歳になっていきなり目覚めたというわけではないのです。

五歳でなぜ、そんな発明ができたのか。それは、三歳の頃から充分に水や栄養を与えられた豊かな土壌に、一粒一粒ていねいに蒔かれた種がやがて芽吹き、肥料を惜しみなく与えられて育ち、そうしてひとつの花が開いた瞬間だったのです。

「とても、愉しかったのよ」

――母より――

『わらび　ぜんまい　うらじろは
　ほうしでふえる　しだのるい』
覚えているでしょう？
これは植物学のお勉強、
あなたが愉しく覚えられるように、
七五調でまとめてみました。
自分でいうのもなんですけれど、
よく出来ているでしょう？
ほかにも、いろいろな学問を
悉《ことごと》くあなたに、
ときにはおうたのように、
ときには「なぞなぞ」をしながら、
教えてあげていたのでしたね。
でもね。
あなたのためにと思って

私も一所懸命考えて教えていたのだけれど、
こんなふうに、
まるで大好きな和歌をつくるように、
謡をうたうように、
あなたのお勉強の材料をこしらえるのは、
とても愉しかったのよ。
それをあなたがほんとうに、
すぐに覚えて、のみこんで、
私といっしょに口ずさんだり、笑ったり、
それが私にも、
とても、嬉しかったのよ。
いい生徒がいるからこそ、
先生もいい教え方ができるというものなの。
先生も愉しんで、教えてあげられるの。
あなたはほんとうにいい生徒でした。
それにね、
あなたが五歳になって、

飛行機の自動重心安定装置なんて、
大人も顔負けの
素晴らしい発明をしたでしょう。
満面の笑顔で、
そう、まだ大人の歯にも生えかわらない、
小さな歯並びをいっぱいに見せて、
あなたが生まれて初めての発明品を
得意げに見せてくれたとき、
そのあなたの笑顔に、
私の心がすっぽりと包まれたようでした。
小さなあなたが大きく見えて、
私にはそんなあなたが
とても誇らしく思えたの。
そんな幸福な時間を、
私にいっぱい、いっぱい与えてくれました。
有難う、
義郎さん。

裏の学問

母がこうして三歳の私に教えたことは、原理原則論など硬派の学問ももちろんですが、それだけに留まりませんでした。同じ学問でも、その中でものの見方、考え方などをさりげなく教えてくれることも、しばしば。それは、「裏の学問」ともいえるものでした。

歴史なども、通りいっぺんの史実とされていることがらを覚えさせる、というところで留まる母ではありませんでした。

例えば豊臣秀頼ひとつとっても、普通の「講義」なら、秀頼が秀吉の老いてからの待望の子で、母は側室の淀殿。秀吉死後、徳川家康との確執が激化し、大坂冬の陣、夏の陣を経て、炎上する大坂城天守閣で、母淀殿とともに自害……、という一応史実とされている歴史物語を語って、終わらせるところです。

が、母の場合は、ここまではむしろ前座。ここから先が「肝心な話」になるのでした。

「実は、秀頼の父は、石田三成か大野治長です。少なくとも、秀吉の子ではありません」というきわどい話も、幼い子供に教えます。

「また、ねねがいけませんね……」とは、秀吉の正室ねねが、秀吉の死後、関ヶ原の合戦で加藤清正に徳川家康側へ付くように勧めたというのですが、清正のようなキーマンが徳川方に肩入れしたことがその後の豊臣家の滅亡につながってくるわけで、自らの家を護るべきねねの、そのような行為に対して母が言った言葉です。しかしその裏話にももっと裏があって、子を持たなかったねねが、夫秀吉の寵愛を受けた淀殿が生んだ子が実は秀吉の子ではないと知っていたとすれば、そこには家を守るという武士の女の正義よりも、一人の女性として淀殿、そしてその子秀頼に対する嫉妬が出てきます。その私情である嫉妬で、「お家を滅亡さす」ような行動に出たことを、むしろ母は咎《とが》めたのでしょう。

母は、史実とされていることがらに反すること、教科書にも書いていないことなども、歴史の裏をひもといて、私に見せてくれたのです。

その歴史の裏側にある人間模様。ドラマ。摂理。

人生経験のない幼子にそんなことがわかるわけはない、などと野暮なことは考えないのです。ありのままの「裏」を見せ、本質に迫れば、小さい子でもそれはしっかり埋め込まれて、長じて役に立つ。そうすることで、真理を教えようとしたのでしょう。

そのように「濃い」歴史に接していた私にとって、後年学校の教室で教わる歴史はいかにも淡白に思えましたし、「薄さ」を感ずることも往々にしてありました。そんなとき私は自ら、その「史実」が「実」はどうなのか。あるいは、ここに「if」はないのか――そのように自問したり想像したりしては、自ら調べ直してみたり、歴史上の人物で別の歴史をシミュレーションしてみることもありました。

それは、常識という枠をいったん取り払って、何もないゼロから考えていくという、思考の始まりと過程、仮説を立ててそれを検証していくという作業。

これこそ発明の過程そのものです。そしてまた、私が常日頃、実践している「見えない発明」。これは世の中のあらゆる事象を見渡して、良からぬところを発見し、改善策を考え、それを実現化することで、社会をよくしていく発明に至る道の、基本中の基本となることです。その見えない発明のためには、目に見える現象を捉えながら、同時に、その裏には、どのような原因があり、意味があるのかを考える「見えない観察」が必要なのです。見えないものを観察する力。これも母の「歴史教育」の中で私の中に育まれていった力のひとつで、発明には欠かせない力です。

この母に育てられ、教育された私は、自然に発明を生み出せるようになったのかもしれません。あるいは母は、まさか私の生誕当時から私に発明させようなどと思っていたわけでもないかもしれませんが、私が発明できるようになることを運命づけられていることを、心のどこかで知っていたのかもしれません。その将来が、母には見えていたのかもしれません。

そうして実際に世の人々から発明家といわれる人物になり、そこに留まらず広い世界に大きく飛躍していく私を、常に応援し、惜しみない献身で力を与え続けてくれたのです。

私にとってその時、何がいちばん必要か――。

母は、私が幼少の頃からいつも、それを考え、感じ、察知しては、さりげなく、それを私に与えてくれました。そうしてそれは、私の成長にともないその方法こそ変化はしていきましたが、終生変わらず母は、蔭になり日なたになり、私に必要なものを与え続けてくれたのでした。

優秀な子供を育てるには、充分な金肥《きんぴ》をほどこさねばなりません

積み木の家

和歌や俳句のセンス。当代随一の日本画家荒木十畝の一番弟子だった母の画の才能。その豊かさや造詣の深さはいずれも並を超えていましたが、母はまた、謡、仕舞も師範級。これは晩年まで母が親しんだ娯楽のひとつでもありました。

父もまた謡を嗜《たしな》んでいたので、一人の幼い「観客」を目の前に、家の座敷で二人揃って仲良く謡ったり、あるいは父の謡で母が舞うこともありました。そんな母の舞いを見よう見まねに覚えた私は、小学校の学芸会で、「狂言・仏師」を演じ、ヤンヤヤンヤの喝采を浴びたことがあるのですが、それくらいに母の謡や仕舞は、日々の食事などと同じように、まさに日常の茶飯事として、我が家庭の生活の中に融け込んでいました。

そしてまた母は、「和」の芸だけでなく、「洋」の芸にも通じていました。

日本画だけではなく洋画、謡だけでなくピアノ、仕舞だけでなくダンス。それぞれに母は精通していましたが、これらの芸を母は、私にも習わせました。

小学生の頃、学校の先生が私に絵心があることを見出し、いつも教室の壁に特別に貼り出し、励まし

てくれたことがきっかけで、どんどんその才能を伸ばしてゆくことができましたが、そんな幼い私にも母は専門家の先生をつけ、より高い教育を受けさせたのです。

「息子の才能は徹底的に伸ばそう。そのためには息子の意志そのままに、欲しいものはなんでも与えよう。したいことはすべてさせよう」

母は、私がまだ幼い頃から、固くそう思ったのだと言います。

幼稚園で積み木をしましょうと言われ、普通の子なら、積み木二本の柱にちょんと三角形の積み木を乗せた「積み木の家」。けれど私の家は、まず四本の積み木を四角に並べ、その上に何本かの積み木を積み重ねてゆき、そうしてできた土台と壁に何本かの三角形の積み木を渡していったもの。構えからサイズに至るまで、積み木のスケールが大きいのです。

「優秀な子供を育てるには、充分な金肥《きんぴ》をほどこさねばなりません」

私のスケールの大きな積み木の家を見て、母は、ますます息子にできうる限りの金肥を注ぎ続けたのです。

世界へ、ダンス・ダンス・ダンス

肥料の注ぎ方にもいろいろあって、いくぶん私が長じてからは、母手ずから蒔く直播き方式から、適当に肥料をセットしたら、あとは私自らが蛇口を捻って勢いよく蒔く、スプリンクラー方式になっていきました。

戦時中、当時の最高のエリートのみ入れる海軍将校養成学校である海軍兵学校、海軍機関学校、海軍経理学校の中でも最難関の海軍機関学校の試験に合格し、それから半年後の入学を心待ちにしていたある日、読書をして過ごしていた私の部屋に母は入ってきて、

「義郎さん、海軍士官というのは、ピアノくらいは弾けなければなりませんよ」

そう言いながら、ヨハン・シュトラウスのワルツ全集の楽譜をずらっと並べました。

「あなたならこれを、半年ですべて弾きこなせるようになりますよ」

木漏れ陽と薫風を誘う、窓際のピアノ。真っ白い制服に身を包んだ青年将校が紡ぎ出す、優雅なワルツ、軽快なポルカやマズルカ♫♪。傍らで、うっとりと、聞き惚れる乙女たち——なかなか絵になる光景です。

日本で最難関といわれた海軍機関学校の試験のために、それまで寝食忘れて勉強していた私は、今度は、そのヨハン・シュトラウスのために、腱鞘炎《けんしょうえん》になりそうなくらいの猛特訓をして、甲斐あって、私は海軍機関学校入学までには、ヨハン・シュトラウスの「美しき青きドナウ」など全曲すべてを暗譜で弾けるほどに上達しました。

戦後、海軍機関学校から復員して間もなくの頃。東急東横線・学芸大学駅最寄り、私たち一家が住んでいた世田谷・下馬の家の近くに、ダンス教習所がありました。

「ダンスを習いに行こうかな」と、おそらく母が反対するだろうと予測して言ったのですが、母は意外にも、

「義郎さん。あなたもいずれは外国に行きます。そのときにも必要ですから、ダンスを教えてもらいに

行ってごらんなさい」

この時分私は、まだ女性の手も握ったことがなかったのです（正確に言えば、母の手と、幼稚園でいちばん若くて美しく、あっという間にお嫁に行ってしまってガッカリした先生以外の、ということになりますが）。

ですから、「ダンス→女性→手を握る→身体をくっつける」ということだけでも、新しい世界だったのですが、母の後押しもあり、「ま、一度行ってみよう……」と、そのダンス教習所に顔を出してみたところ、予想以上に楽しくて——。

「はまってしまう」

とは、まさにこういうことを言うのだと後年思ったものですが、その後私は、東大時代にはダンス研究会を発足。その会長として熱心にダンスの腕をさらに磨き、東大の第二食堂に東大生や東京女子大の学生などを集めて、ダンスパーティを毎日主催したものです。

かつて、今のナベプロの会長、渡邊美佐さんとお目にかかる機会があったのですが、その折、日本女子大出身の渡邊さんは懐かしそうに、「実は私も二食のダンスパーティに行ったことがあったんですよ」と話されていました。戦後の音楽ビジネスのリーダー的存在で、日本中のほとんどすべてのテレビ局を席巻していた素晴らしい女性があのとき、私の主催する二食のダンスパーティに参加していたのです。

欧米での社交の場では、ダンスが踊れなければ紳士とはみなされません。世界に羽ばたくことになる私にとって、これはいかにも貴重にして有益な嗜みとなったのです。

「息子を世界で活躍する人間、国際人に育てます」

母は友人への手紙でも、そう言っていたようです。愛するかわいい我が子をいつまでも手許に置きたいのだが、これを振り切って、私情を棄《す》てて息子の成長のために外国に出す決意を、母は腹の中で固めていたのです。

母の目は、すでに遥か遠く高く、世界に向けられていたのです。

もちろんこうした学問、教養を私の幼少の頃から母自らが仕込み、また最高レベルでの学問・教養のために金肥を惜しみなく注ぎ込んできたのは、何も私を国際人にするためだけではないでしょう。それにまた、国際人になるためには、それだけで足りるものでもありません。

しかし、母がこうして注いでくれた金肥が、私のその後の人生で、世界を股にしながら幅広く活躍し、多くの成功を得る過程で、他の何ものにも勝る大きな糧、力やエネルギを生み出す源となっていたのです。

母との愉しみの中で生まれた発明

現在、学芸大学駅そばの東京都民銀行がある場所には、かつてユニオン座という映画館がありました。母との想い出で、このユニオン座はまたとりわけ懐かしい存在です。

母が私の顔を覗きこんで微笑みながら、「映画にゆきましょうか」と誘いかけます。そうして、よく二人連れ立って、このユニオン座に行きました。

戦前は『愛染かつら』で泣き、『姿三四郎』、『ハワイ・マレー沖海戦』で手に汗にぎり、戦後は、ウイリアム・ホールデンとキム・ノヴァックの『ピクニック』、片岡千恵蔵、市川右太衛門、大友柳太郎、藤田進などの活劇を愉しみました。

戦後の混乱期で、映画館のメンテナンスが悪く、トイレの臭いが漂うユニオン座で、母と一緒に笑ったり、感激したり、面白がったりしたことが、昨日のように思い出されます。

この、母と一緒に観に行った映画の愉しい体験こそが、昭和三十一年のナカマスコープ映画方式の発明を生み出したのです。

戦前の映画はスクリーンの縦横比が三対四でした。これは「黄金比率」といって、ギリシアの昔からベストとされていた比率です。ですから、テレビ画面もこの比率で作られました。この黄金比率を打ち破る十六対九の横長画面を発明し、これをナカマスコープと名付けたのです。

これはまた、画面とスクリーンがシンクロして、場面によって自在に、ワイドにしたり逆に狭くしたりすることも可能な発明で、まさに、映画のホンモノの迫力、醍醐味を味わえる画期的新方式です。

これが日本映画界の最高峰であった松竹に採用され、さらには海を渡ってディズニー映画『ファンタジア』にも採用されました。私の最新鋭の横長映画の発明は、こうしてハリウッド映画の発展の基にもなったのですが、この横長画面は、最近ではテレビの横長画面となって、現在お茶の間でもすっかりお馴染みとなっているのです。

世紀を越える大発明も、母と足繁く通った映画館で母と過ごした、あの愉しいひとときの中から、生まれたものだったのです。

「『ここ』にさわらないこと」

鼓舞し、叱らず、諭す

私は、母に「勉強しなさい」と言われたことは一度もありません。

これは、母が言う前に、私が自発的にどんどん先へ先へと勉強していたからでしょう。母をして「この子は勉強好きでね」と言わしめたほど、私は勉強していたのです。東大受験本番の日の前夜、私の寝室をそっとうかがって、私がすやすやと眠っているのを見て、

「この子は大丈夫」

と母が思ったという話を、随分後になってからですが聞いたときには、母はやはり私のことを全面的に信じきっていたのだと、感じ入ったものです。

そしてまた母は、常に私に、

「あなたには、できるはずです」

と励まし、鼓舞するのです。実際驚くことに、母が百歳、私が七十歳の時にも、「あなたは、まだまだ伸びます。ガンガンやりなさい」と、母は私にエールをおくり続けました。

また、私は母に叱られたことがありません。

もちろん子供ですから、いたずらもすれば、誤ったこともします。

しかしそんな時にも母は決して、声をあらげて子を叱るということはしませんでした。

母は言葉の使い方にも非常に敏感で、とりわけ「敬語」というものに対しては厳しく言われたものです。

一方「おん御丁寧はダメです」と、敬語を複数重ねると敬語にはならないということや、目上の人に対して用いるべき言葉をそうでないときに使ってしまったりする、敬語の濫用、誤用もいましめ、正しい国語を現場で教えてくれるのです。

そんな教育を受けた私ですから、上品そうなご婦人が「ワンちゃんが亡くなった」などと言うのを聞いたり、最近の新聞やテレビの間違った敬語、間違った日本語を聞くと、思わず虫酸《むしず》が走り、戦後の国語教育に失望してしまうのです。

言葉遣いに限らず、何か私が間違ったことを言ったりしたりしたときには母は、

「それはこうです」

と言って、なぜいけないのか、何が正しいのかを、丁寧にわかるようにやさしく諭すのです。

暗黙の戒律《ルール》

ただ、幼少の頃から母は、「してはいけない」ことは、はっきりと「してはいけません」と言ってきました。

その中で、いくつかのことは、母と私との間での「暗黙の戒律《ルール》」となっていました。

例えば、お金に関すること。

母は、私が幼い頃から、決してお金に触らせようとしませんでした。

ひとつには、我が家が徳川幕府の直参旗本の家系、高級武家の家柄であったということもあったのでしょう。「士農工商」という言葉にもあらわれているように、商人は最も身分の低い階級であったのですが、お金はその商人が扱ういやしいもの、武士がそのようなものに手を出してはいけません、という、「士の子」としての、「純潔教育」を受けていたともいえます。そうしてひとつには、お金は天下の回りもの、つまりいろいろな人が手にしているのです。そうすると、良からぬバイ菌なんぞも付いているかもしれない、そんなものに触れてはいけない、というわけです。

そんなわけで、私はお小遣いというものももらったことがありません。必要なものがあれば、母が買う、ということになっていました。駄菓子を買って食べたこともなく、おやつはいつも母手製の、ホットケーキやアイスクリーム。

当時の子供たちが夢中になったメンコやべーごま遊びも禁止。夜店や屋台で食べるのも禁止。お祭りなどで皆が食べている綿菓子なども、あの機械がうんうん唸りぐるぐるまわるうちに、みるみるまあるくなっていく、ふわふわの白い雲のようなお菓子が、どんな食感で、どんな味わいなのか知らないので、私は今もって興味があります。

そうした「クリーンなしつけ」も、母は徹底していました。

そうして極めつけが、

「『ここ』にさわらないこと。頭が悪くなりますから」

この母の教えを忠実に守って結婚するまで、決して×××をしませんでした。

女性読者の方もいらっしゃるでしょうからあえて伏せ字にしますが、つまり、そういうことで、またそれは、相手とやるのはもちろん、自分でやるのもだめ、ということでした。

これにはひとつ、母の道徳観というものもあるにはあったのですが、それ以上に、医者の娘であった母にとっては、科学的・医学的な根拠をもったルールだったのです。

心身の成長期には、脳のシナプスも成長期にあります。×××時の快感は、脳から出る一種の信号によるものなのですが、この信号が、若い頃のまだ発達していないシナプスには、強烈過ぎるのです。脳を卵に喩えれば、生まれた時は生卵で、成人でゆで卵になる。ですから幼少年期は、半熟卵です。半熟卵をかき廻せばスクランブルドエッグになるので、だからだめだ、ということなのです。

実は、雷嵐のときに凧あげをして電気にプラス・マイナスがあることを証明する実験を行った、物理学者ベンジャミン・フランクリン——アメリカ独立に多大な貢献をなした政治家でもあったかのフランクリンには、自らルールとしていた「フランクリンの十三徳」というものがあり、それを後世にも残しているのですが、それは「一、節制・飽くほどまで喰うなかれ、酔うほどまで飲むなかれ」から始まり、二、沈黙、三、規律……などと続き、そうしてその十二番目が、「十二、純潔・・×××はもっぱら健康ないし子孫のためにのみ行い、これに耽《ふけ》りて頭脳を鈍らせ、身体を弱め、または自他の平安ないし信用を傷つけるがごときあるべからず」という項目なのです。

それを母が知っていたかどうかは、結局聞きそびれてしまいましたが、とにもかくにも私はこの掟を後生大事に守り、ほんとうに、結婚するまでは一度も事に及んだことはなく、新婚初夜のそのときまで、「純潔」を守り抜いたのです。

カミングアウト

まあこういう話は人に話しても「まゆつばもの」にされてしまって、大学を卒業後、三井物産に勤めていた当時、ひょんなことからそれをカミングアウトしなければならなくなった際にも、なかなか信じてもらえず、困ったことがありました。

三井物産入社当初から私は、航空機やヘリコプタの営業を担当していたのですが、その三井物産で取り扱っていたヘリコプタで、日本一周記録をつくろうということになったのです。パイロットを私に、副操縦士に同僚の一人がつくことになりました。その同僚は、戦時中は陸軍航空隊に入り、叩き上げで少尉にまでなった人物なのですが、兵隊に行く前は親を泣かせる結構な不良として鳴らしていたのが、軍隊でたたき直され真人間になり、三井物産にも入り、そこでアメリカのテキサスに留学をさせてもらった、という人です。

東京へリポートから、仙台、青森、津軽海峡を越えて苫小牧、札幌、旭川と北海道、再び東京から、はるか名古屋、大阪、広島、瀬戸内海を飛び、四国は高松、高知、さらに今度は関門海峡を飛び越えて、福岡、大分、宮崎、鹿児島、そこから一気に裏日本へと至り、東京へ帰る旅。重大任務にありながら、また開放感溢れる大空の旅だったので、彼のかつての若い頃の行状がひょっこりと頭をもたげたのでしょう。日ごと降り立つ処変われば、夜ごと泊まる宿も変わる日々。

宿の部屋で二人枕を並べて寝ていたのですが、夜中に目覚めると、必ずと言っていいほど、その同僚は姿を消しているのです。

最初の晩は、はばかりにでも行ったのかと思ったのですが、しかし、一時間経っても二時間経っても、彼は帰ってきません。心配になり部屋を出て探したのですが、彼の姿はありせん。しかし荷物も着るものも部屋に置きっぱなしですから、このハードな任務に耐えかねて逃げ出したとも思えません。

寝不足ではヘリコプタの操縦にも差し障りますから、私も諦めて床に入って睡眠をとったのですが、それからも毎晩のごとく、夜中に彼はいなくなるのです。

ある日、ヘリコプタを操縦しながら、きいてみました。

「いったい、毎晩、何しているんだ?」

「そりゃ、決まってるだろう」

「決まってるって?」

「だから、さ……。いやあそれにしても、昨晩はこれまでの旅先の中でも、最高だったね。そうだ、今晩あたり、君もどうだ?」

夜な夜な宿変われば、相手も変わる。彼は毎晩変わる宿の女中を口説いては、布団部屋、今のホテルでいえばリネン室なる部屋に忍び込んで一夜を明かしていたというわけです。

「僕は、結構だ」

「おいおい、君が会社の女の子に一番モテているのは知ってるぜ。ああ、もっとも俺なら心配するな、大丈夫だ、口は堅いし。ま、同じ穴の狢《むじな》なわけだしさ」

自分で言うのもなんですが、確かに私は、会社の女性社員たちの憧れの的でした。

「それとこれとは別だよ、そういうことではなくて……」

しつこく「同じ穴の狢」になることを誘ってくる同僚に、ここで私は遂に、告白しました。母のルール。それを守って、私には経験のないこと。

「あっはっは……、おいよせよ、そんな話、誰が信じるもんか。冗談もいい加減にしろよ」

一向に信じてくれない不良は、その晩も「出陣」する際に、執拗に私を誘うのです。

結局私はなんとか身の潔白を証明して信じてもらえたのですが、その不良にしてみれば、会社でも女性の追っかけの対象であった私の、その「事実」に驚き、そして多分に呆れてもいたかもしれません。

しかし私にしてみれば、母のルールがある以上、それは絶対のものだったのです。

「人にとどめを刺す言葉を言ってはなりません」

何しろ幼少の頃から、母の言うことは、常に正しい。そう信じていました。

そして実際、それは常に真実でした。母が自分の私情や偏見から「こうしなさい」「こうしてはいけません」と言ったことはないからです。

先の「結婚するまでは……」のルールひとつとっても、科学的な根拠があり、かの物理学者で政治家のベンジャミン・フランクリンも言っていることであり、息子の知育成長にとってデメリットになることを忌避するという意味があったわけですから――。

もちろん、この頃には私ももうすでに一人前の男であり、母に守られ、それに甘えていた幼い頃とは、心身ともに成長、変化しています。

母との関わり方も、「子と母」から、「大人と母」へと変化し、この時はそれをすでに経ていた頃でもありましたが、それでも母が「してはいけません」といったことに関しては、大人になった私が考えても、「スジ、ピカ、イキ」の、三拍子揃った原理であったのです。

母の「暗黙のルール」の正しさはまた、こうしたことに限りませんでした。

生き方に関わるところでも、様々なルールがありましたが、

「人にとどめを刺す言葉は、決して言ってはなりません」

これも、母のルールのひとつです。

相手を断罪すること──「絶対あなたが悪いのです」「君なんて大嫌いだ」、そういうことを相手に言うことによって、相手との関係がそこで終わってしまいます。まだ幼い頃の私に、母はすでにこうしたことを、常日頃の生活の中で、諭し、言い聞かせていました。

世の中という大海を渡っていくための羅針盤。

母の羅針盤はいつも正しい方向を向き、そして確かな舵《かじ》をもっていました。

誰にでも自分から話しかけ、誰とでもすぐに親しくなってしまう──母はそういう積極性、関係性、開放性、親近感、愛情のかたまりのような人でした。そうした人懐っこさはえてして、おせっかいや図々しさにつながってしまいがちです。しかし、母を知る人が皆、感心して言っていたことには、母は常に愛情溢れる目で、笑顔で自分から積極的に人に声を掛け、よくしゃべり、親しみ深い人だけれども、そこに厚かましさは全く感じさせず、それゆえ話しかけられた相手もごく自然に親しくなってしまう、ということでした。

母は、相手の心情を思いやり、きちんと距離をはかったうえで、そうして相手の良さを引き出し、その相手の良さをまず、自分が好きになるのです。そうすれば、相手も心を開いて。互いにほんとうに親しくなれるのです。

人の良さを引き出す──。

それは、母の教育者としての資質を表す一面でもあるといえるでしょう。

私という息子を持ってから後は、その一面がもっぱら、息子の才能を見出し、それを伸ばす教育へと、つながっていったのです。

小さな恩返し

「母に孝行したい」の一心で

一身に母の愛情を注がれた息子はまた、母を全身全霊で愛する子に育っていきました。

六歳の頃に通っていたキリスト教会の附属幼稚園で教わった「お祈りの言葉」を、「母のための祈り」に変えて、

「神様、
お母様が、永久に長生きできますように」

これを、私は六歳の時から、夜眠りに就くときに、お布団の中で、母の「卒業」まで七十年近くも毎日欠かさず、続けていました。

それでも、もっと母のために何かを……と、私は常に思っていたものです。どんなに私が親孝行をしても、お返しし足りないほど母の愛が深いことに、いつも思いを至らせていました。

私の最初の発明は、五歳のときの模型飛行機の自動重心安定装置。

模型飛行機をつくって、私は従兄――母の妹の子供と、その飛行距離を競争していたものです。この歳上の従兄は後に東大医学部を出て医学博士になったほど優秀で、手先も器用ですから、その従兄のつくる飛行機も実に美しく、そうして長く遠くまで飛ぶのです。その従兄にどうしても負けたくなくて、

私が必死に考え、工夫し、そしてこしらえたのが、発明第一号の自動重心安定装置をそなえつけた飛行機です。これで私はついに、従兄の飛行機よりも、長く遠くに飛ばせるようになったのでした。

このときは、もちろん私の発明した大傑作を、母が見て喜んでくれたのは確かですが、それは結果論、あくまで尊敬する従兄に勝つために発明をしたのでした。

それから九年後のことです。私が麻布中学二年、十四才の時――。

昭和十七年。それは日本の歴史の中で、日本が最も元気で輝いた年です。本土以外に朝鮮、台湾、千島列島も日本領であり、北京、上海も占領し、親日的な満州国や南京政府を樹立し、米英やオランダなど欧米勢力を全東亜から駆逐した年なのです。

昭和十七年が日本の最も輝いた年であるもう一つの理由は、世田谷の片隅で十四歳の小さい子供がひっそりと、二つの発明をした記念すべき年だったからなのです。その発明は「醤油チュルチュル」と「無燃料暖房装置」(ヒートポンプによる暖房や湯沸し装置)。それぞれ「灯油ポンプ」「エコキュート」という名で世界の隅々まで普及した、この十四歳の時に初めて取った特許が、世界の発明史上に冠たる金字塔を建てた年でもあるのです。

時は戦争真っ直中の頃。物資燃料不足の中、冬の寒い日でも、充分な暖房はできません。特に台所は、食料が腐らないよう北側に設計されていたので、まさに天然冷蔵庫のような冷たさになります。

当時お醤油というのは、一升瓶の単位で売られていて、その一升瓶から、食卓で使う小さい醤油差しに醤油を移し替えるというのが、台所を預かる主婦の日課でした。

その日も母は、立っているだけで身体の芯から冷えてくる台所で、震える身体を丸く縮こませ、かじかんだ手で一升瓶を持ち上げ、醤油差しに醤油を入れようとしていました。

「あっ……」

寒さで手が震えて、一升瓶からは醤油がうまく入らず、床にこぼれます。

燃料だけでなく食糧、ありとあらゆる物資が不足していた時代。貴重なお醤油をこぼしてしまったことに母は、悲しそうな顔をしていました。

その丸い母の背中を見た私は、その日課がどれほど重労働か、その重労働から母を解放したい、母を少しでも楽にさせたい、そうして親孝行したい……、そう思ったのです。

その日から私の猛勉強が始まりました。何を勉強したのかというと、「ベルヌーイの定理」。

つまり私は、母が持ち上げることなく一升瓶を床に置いたまま、卓上の醤油差しにお醤油を移し替えるためにはどうしたらよいかを考え、そしてこれが、中学二年の物理では未学習の、「流体力学」の分野であることをまず突き止めたのです。そして図書館で、このベルヌーイの定理をはじめ、流体力学の学問を、必死になって勉強したのです。そこからさらに、サイフォン理論なども学び、これらの知識を駆使して、一つの発明品にとりかかりました。

私の発明は、常に「愛の心」がモティーフであり、人がその発明によって幸せになれることを目的にしています。

そうした「発明の心は愛の心」の原点は、私の母への愛にほかなりませんでした。

「発明は愛の心」の原点

物資不足の中で、家の中からありったけの材料かき集めて、使い古しのストローに、万年筆のインク用スポイトのゴムキャップを、セメダインでくっつけてつくった試作品、これをもとに、完成させたのが、名付けて「醤油チュルチュル」。

私にこの発明をプレゼントされた母の、驚き、そして喜んだ顔。それを見て、私自身も非常に幸福な気持ちに満たされたのですが――。

翌日母に、醤油チュルチュルの感想をきいてみると、母は、少し困ったような顔で、

「そう、ね。醤油瓶は持ち上げなくてすんだのだけれど……」

と、言葉を濁らせるのです。よくよく聞いてみると、スポイトを押して放せば、醤油は自動的に醤油瓶に差し込んだ管をのぼって、そして自動的に醤油差しに差し込んだ管に移り、醤油差しにはどんどん醤油がたまっていくのですが、それが「止まらない」のです。そうしてまた、醤油はみるみる食卓に流れ出し……、というわけです。

うっかりしていました。ストップ装置を忘れていたのです。

そうして私は改良作品にとりかかり、このスポイト部分に開閉式の蓋をとりつけて、この蓋をはずせば、空気圧の変化で管の中の液体の上下運動、入れ替え運動がストップする機能をプラスしたのです。これこそが実は、現在日本だけでなく、世界中で使われている灯油ポンプ（「シュポシュポポンプ」という人もいます）の原型になったものなのです。

ただこのときは、母を、重い一升瓶を凍える手で持ち上げて醤油差しに醤油を入れ替えるという重労働から解放したい一心で、そのための装置をつくったので、あくまで「醤油チュルチュル」と名付けました。母の愛の満ち溢れる泉の深さ、こんこんと涌き出づるその豊かさには及ばないかもしれません。それでも中学二年というまだ小さな頭で高度な物理学の理論を自らひもといて、母の愛に、母の恩に報いようとしたのです。

小さな小さな恩返しですが、発明も、そんな愛の心から生まれるのです。

人々の暮らしが楽になるように。そして世の中が少しでも良くなるように——。

それゆえ私は、灯油ポンプのような生活の中の必需品から、フロッピーディスクやファックス、磁気切符、デジタル時計、燃料電池、ＨＯＤ、宇宙エネルギのような最先端技術分野の製品や、カラオケ、自動パチンコ、ゴルフパター、横長映画など娯楽分野での発明。そして、金融や政治の世界における発明と、ありとあらゆるジャンルやシーンで、世の中にイキる、人々の喜びをもたらす発明を行っているのです。

「与えられる愛」から「与える愛」を知り、そうしてそれが、私の人生の目的、在り方、生き方に、強く深く関わっていったのです。

子と母の自立

海軍機関学校へ

思春期の揺らぎ

常に私のそばに居て、私に必要なものを充分に与え、母の愛情のすべてを注ぎ、ときには私の背中を押し、ときには肩をささえ、ときには全身で抱えてくれる母――。

十代半ばの私には、

「いつも母がいてくれる」

それが、生きて行く上で不可欠になっていました。

一方で、依頼心――自分の中で、その言葉と今の自分のありようを重ねては問うようになっていました。

「このままでいいのだろうか」

という自問を繰り返していたのです。

そうかといって、母に対して距離を置いて、自分の手で一切合切を断ち切る行動に出る勇気も、術も、持っていませんでした。「断ち切らなければ」という気持ちはあっても、あえて、それを「断ち切ろう」という強い意志のもとに、では断ち切るためにはどうしたらよいかと具体的に考え行動するところに、自分自身をもっていこうとは、していませんでした。

ただ、確かに意識としてあったのは、

「このままでは将来とも母に依存する弱い人間になってしまう。自分の足で立てない、ひ弱な、勉強ばかりしている頭でっかちの青白きエリートになってしまう。これでは、だめだ」

その確かな意識と、不確かな意志が、やがてひとりでに解決する時が訪れます。

胸囲七十五センチ

思春期の私には、ひとつの夢がありました。

時は戦時中。日本中が憧れる、海軍士官。

その海軍将校、指揮官を育てる海軍兵学校、海軍機関学校、海軍経理学校のうち「海軍機関学校」は、日本国内の若者たちが、将来海軍機関科士官になる自分の姿を思い描きながらその門目指して集まってくる、最難関の学校です。飛行機をつくったり、新しい機械を考えたりすることが好きな私には、海軍機関学校はまた、戦時下では唯一、最高の学校で、大きく夢の膨らむ希望の砦でした。

その狭き門は、競争率でいえば百五十倍、しかも、日本全国津々浦々から、英才教育を受けてきた優秀なエリートばかりが集い、その百五十倍を競うのです。ちょっとやそっとの勉強で合格できるものではありません。

中学は当時五年間で、卒業には一年早いのですが、四修でも試験に合格すれば入学も可能です。

私は、この海軍機関学校への入学試験に挑戦することを決意しました。

二日を置かずの徹夜もしばしばでした。戦時中の食糧不足、物資不足、燃料不足、すべてが不足している中で、火の気のない部屋、薄明かりの小さく灯った電灯の下で、母がつくってくれる夜食に身体と心を温めながら、本当にこの時ほど勉強したことはないというくらいの集中力と熱心さで、受験勉強に励みました。

昭和十九年。

機関学校の入試の日。二週間かけて行われる入試初日のこの日は、体格検査が行われます。日本の明日を担うエリート軍人は、頭脳だけではなく、文武両道に秀れ、心身壮健でなければなりません。ひ弱な頭でっかちでは、だめなのです。

まずは胸囲計測。

胸を張って立っている私の目の前には、巻き尺を手にした水兵。

腕を回して巻き尺を私の身体に巻き始めたそのとき、水兵はいきなり、

「ところで、君の住所は――？ 生年月日は――？ 運動は何やってた？ 野球の守備位置はどこだったのか――？ ……」

と、立て続けに質問を浴びせてきます。

「……？ 何かの調査かな」

と怪訝《けげん》に思いながらも、ひとつひとつ、生真面目に質問に答えていきました。

気がつくと、水兵はなんと、私の胸の乳の位置ではなく、胸よりは下に巻き尺を巻いているではありませんか。ますます、「?」の私に、水兵は、

「きょーい、七十四センチっ」

そしてぶっきらぼうに、

「荷物、まとめて」

荷物まとめて……、帰れというのか。胸囲七十四センチだって？　そんなはずはないぞ、ここに来る前、シャバで測ったときには、確かに七十五センチあったんだ——。

シャバ——軍隊にいる人は「民間」のことを、そう言っていました。胸囲七十五センチ以上。それが海軍機関学校の体格検査の基準のひとつであることは知っていましたから、最低限でもそれは保つよう、この食糧事情の中でも、母が工夫をして滋養のある食事をつくってくれて、私はそれを食べ、そして徹夜の勉強の合間に水泳や相撲や鉄棒をして身体を鍛えていたのです。それを、何だ？　しかも何で、乳の位置ではなく、胸の下の部分を測って、胸囲を小さく測ってるんだ……。

水兵たちはあくまで兵隊。自分たちが今、「検査」をしている目の前の少年も、この試験に合格すれば自分たちの上官となり、指揮命令に従わなければならない関係になるのです。水兵の、精一杯の、反抗——。一般の人はそれにひっかかってしまうでしょう。意味のない質問に答えさせながら、肺から息を吐き出させ、胸を小さくしたところで、さらに、胸の下の細い部分——を、測ったのです。

憤懣《ふんまん》やるかたなき思いと失望、どこにもぶつけようがありません。一瞬で世界が逆転し、呆然としながらも、言う通りに荷物をまとめて、トボトボと検査室を出ました。

そうして放心して薄暗い廊下を歩いていると、突然床に一条の光りが映りました。

廊下の先の扉が開き、白い制服を着た凛々しい海軍将校が、こちらに歩いてきます。

逆光の中で、次第にその将校の面長で端正でインテリ風の顔立ちが、浮かび上がってきます。

「この人なら、聞いてくれるかもしれない」

咄嗟《とっさ》にそう思った私は、次の瞬間にはその見ず知らずのエリート将校、おそらくは衛生兵を束ねる海軍軍医と思われるその将校をつかまえて、

「どうか、お願いです」

たった今受けてきた検査の一部始終、そして、今日まで私が続けてきた懸命の勉強と鍛錬を、そしてシャバでは胸囲も七十五センチあったことを、私は一気に話しました。その話を黙って聞いていた海軍軍医将校は、私が一通り話し終わると、

「私について来なさい」

その将校の背中について私が入ったのは、先の体格検査の部屋です。

受験生の検査も大方終わりに近づいていて、人がまばらになったその部屋に、まだ例の水兵はいました。

「もう一度、計測を」

将校が私を、水兵の前に立たせました。

水兵はいやな顔をしましたが、上官の命令には逆らえず、さっきと同じ質問を繰り返しながら、私の胸よりちょっと下の部分に巻き尺を巻きました。私も馬鹿ではありません。同じことの繰り返しなら、もうわかっています。二度と失敗は繰り返しません。

水兵の質問に答えながら息を吸い、質問の間ずっと胸を広げていました。たとえ胸の下を測られてもよいように。

こうして間もなく、巻き尺が解かれました。

「きょーい、七十五センチっ」

水兵の声が部屋に響きました。

振り向くと、笑顔の、将校の姿。そしてさっと立ち去っていきました。

廊下に出ると、さっきあの将校が歩いていった扉が閉まるところで、明るい陽射しが廊下いっぱいにこぼれています。その出口のほうを向いて頭を下げ、私は心の中で「有難うございました」と、お礼を言いました。同時に大日本帝国海軍の理性の素晴らしさとスマートさを、そこに見たのでした。

親類縁者一斉の猛反対

体格検査を合格した後、数学から始まり、毎日毎日、受験生が次々とふるい落される最難の筆記試験を見事、百五十分の一の確率で生き残ります。「カイキカンゴウカク　イインチョウ」の電報を受け狂喜した私に、海軍生徒の証である錨《いかり》のバッヂが送られてきました。そして、三越百貨店から店員が、靴、軍帽、軍服のサイズをはかりに家にやって来ました。すべてオーダーメイドなのです。

入学試験を突破した私には、入学が実に待ち遠しい日々でした。

しかしその日々の中にも、母がクリアしなければならないことがあったのです。

母は私を連れて、父や母の兄弟姉妹、その他親類縁者の家に、私の海軍機関学校入学試験合格の報告と、入学の挨拶回りに出掛けました。

日本で最難関の学校に合格したのです。そして、海軍士官。最たるエリートコースを行かんとする私に、親戚一族一同、さぞや華やかな祝いの言葉を、それに、これまでの私の努力や母の陰ながらの尽力に、ねぎらいの言葉をかけてくれることだろう――、と、私も少々得意な気持ちで、番町にある大きな洋館の門をくぐりました。

大きなゆったりとした応接間に通され、まずはお茶を一杯いただきながら、その家の主を待ちます。

突然ドアが開き、当時日本最大の財閥、三井財閥のトップに君臨する叔父夫妻が入ってきました。

「ご無沙汰致して居りました……」

母が挨拶したのもそこそこに、叔父は母と私に一瞥《いちべつ》くれた後、開口一番、

「いったい、どういうおつもりですかね」

祝いの言葉でもなく、ねぎらいの言葉でもありません。

叔父は目の前の母に向かって、さらに言葉を続けます。

「どうしてそんな非常識なことを。義郎君は、中松家本家の一人息子ですよ。たった一人の跡取りでしょう。陸軍でも海軍でも戸籍を調べて、長男、一人っ子は徴兵しない。それがどういうことかは、あなたも、わかっていらっしゃるでしょう。それをわざわざこちらから行くのですか」

叔母が、叔父と同じような口調で、さらに言葉を付け足しました。

その言葉は、これから海軍士官になる者は、最大のリスクを負う運命にあることを意味していました。海軍士官は、指揮官として常に先頭に立ち、陣頭指揮にあたるのです。飛び立つ戦闘機でも、部下の搭乗機を後ろに従え、最先頭で敵の砲弾に身をさらし、あるいは、軍艦とともに海の藻くずと消える、決死の任にあたるのです。

日本の軍隊組織では、戦場の最前線に、一番先に誰を向かわせるか——。もちろんその人物の能力などもはかられて決められることですが、そうしてふるいに残った何人かの中から人選するにあたっては、まず最初に一人息子、次に妻帯者が外されます。これがいわゆる「赤紙」、一般国民からの徴兵でも行われていた基本です。叔父叔母は、

「徴兵でも一人息子を外してくれるものを、なんでこちらからわざわざ行くのか。しかも、我が中松家本家の唯一の跡取りの一人息子を。なんとまあ……」

と言うのです。

ため息と呆れ顔が続きます。

叔父叔母は、じっと黙って聞いている母が、そのうち何か応えて言ってくるのではないかと時折顔色を見ては、その気配もないと見ると、また同じことを延々と繰り返すのです。そうしてしまいに、

「それで、どうなさるおつもりなんです？　芳野さん」

叔父叔母夫婦が、「この嫁はとんでもないことを考えている」と、キッと睨みつけるような眼で、母に迫

ります。母は平然と、

「本人が『行く』と言っている以上、私は行かせますのでよろしくお願いします」

「……」

呆れたといわんばかりの顔を、母や私に交互に向けて、叔父叔母もついには黙って笑顔で玄関に送り出しました。

行く先々で、同じようなことが繰り返されました。

母は喧喧囂囂《けんけんごうごう》の意見を言われながら、それをしばらく黙って聞いています。

そうして、最後に一言、

「本人が行くと言っているのです」

徳川幕府三百年の長きに続いた直参旗本家。大石蔵之助の赤穂城受け取りや数々の歴史に残る伝統の中松家。父はそういう家の、本家の長男なのです。私はその父の一人息子の長男で、しかも独り身。それゆえ跡継ぎもいない。もしここで私に何かあれば、その家の血は途絶えます。三百年の直参旗本の高級武家のお家断絶というわけです。父の弟や姉妹にしてみれば、「いったい正気の沙汰とは思えない」と、そのような目を向けるのも、わからないではありません。

でも、これは私の熟慮の末の意志なのです。

断固たる意志のもとに、私は海軍機関学校に行くのです。

どんなに、何を言われようが、私の決意は固いのです。

それを代弁して、母は、

「本人が行くと言っているのですから」

と、きっぱりと言い切ってきたのでした。

母は、自分が最も愛した息子が死に近づくリスクがあるのに、私に「行くのをやめなさい」とは決して言いませんでした。

どんなことがあっても、私の意志を尊重する。母はそれを貫き通すのです。

リスクを顧みない、揺るぎない意志――。それを通したのは、あくまで本人の私ではありましたが、しかしそれは母の力であったともいえます。

息子を愛するがゆえに、息子を失う悲しさより息子の希望を叶える母の偉大なる心が、私の楯になっていたのです。

「どちら様ですか」

舞鶴行きの列車に乗って

試験合格の翌年、昭和二十年三月。

私は、東京駅から旧東海道線に乗り京都まで、そこから綾部や東舞鶴などで列車を乗り継いで、舞鶴の海軍機関学校に向かう車中に居ました。

私は、母の特別製の防空頭巾をかぶっていました。それは母が自分の友禅織の高級な着物をつぶして、手製でつくってくれたものでした。

その傍らには、やはり防空頭巾をかぶった母がいます。満席で座れず、その上、母の上等な着物から作ってくれた私の高級な防空頭巾は車中で頭から外れ、見失ってしまったのですが、これを拾いにいくこともできないほど、身動きもできずに立ちっ放しのまま揺られながら、東京を発ってからすでに、十時間が過ぎています。

さすがの母も疲れただろうと覗き込むと、そこにはいつもと変わらぬ、穏やかな笑みをたたえた母の顔。凛として、疲れなど微塵も見せない、美しい母の顔がありました。

がたん――。

鈍い音を立てて、列車が急停車しました。

「空襲か？」

一瞬不安に襲われましたが、またゆっくりと列車は動き始めます。

途中、どこで空襲を受けるともわからない、戦争真っ直中の困難な長旅。

母は、私の晴れの入校式――海軍機関学校の入校式を、いや、正確にいえば、その日の息子の晴れ姿を一目見ようと、私の旅立ちに伴って、そしておそらく自分ができる限り、ぎりぎりの瞬間まで息子を護るという覚悟をもって、ここに居るのです。

ようやく、舞鶴の駅に、ガッタンゴットンと入っていきました。

海兵団、海軍工廠《こうしょう》、海軍鎮守《ちんじゅ》府や軍港があり、海軍の日本海の要所でもある舞鶴の駅周辺は、見送る人、出迎える人、海軍軍人、下士官、水兵、軍相手の人等々が整然とした街並をつくり、清々しい空気と凛とした静けさに包まれていました。


いよいよ、夢の海軍機関学校に入校です。もちろん、機関学校での毎日は「夢」などと甘いものではないことはわかっています。しかし私の胸は、希望に溢れていました。

そのかっこいい短いジャケットに短剣を吊った晴れの姿は、母にとっても眩しいものだったに違いありません。

その晩は、母と二人、割り当てられたクラブに泊まり、私が寝ついても母は私のそばでジーッと私の顔を見て別れを惜しんだのでした。

いよいよ入校式の朝が訪れます。私と同様、最難関をかいくぐり、選ばれし若者たちが、すでに校内に集っていました。辺りを見回してみると……、私のように母親を連れている者は、ほとんどいません。ちらほら、父兄を連れ立っている者もいないではありませんが、聞こえてくる話し言葉、方言から、それらは皆、近隣からやってきたと思しき人たちばかり。母のように、はるか遠く東京から十二時間もの旅程を子と共にして、というのは、私たちだけのようでした。この母の信念――戦時中のどんな危険と困難に満ちた旅をしようとも、息子を見届けようという母の、強い心。

入校式が厳粛に行われた後、早速にも、聞きしにまさる厳しい訓練が始まりました。

母は一人、学校の門を出て、舞鶴の駅に向かい、列車に乗って、東京に戻った――のではありませんでした。

翌日、母の向かった先は、当の海軍機関学校長の自宅でした。

校長の自宅に行く、その母の、行動力の素晴らしさと計画の徹底。

海軍機関学校の校長、日高少将の邸でまず母は、校長の奥方にお目に掛かり、その奥方のとりなしで校長自身にお目通りしたのです。他の父兄の誰一人及ばなかったことです。

そうしておそらくは、まずは母の「息子をよろしく」との挨拶があったのでしょう。その後、母と、その奥方や少将との間で「覚悟についての話」があったようです。

そしてこのときを境に、母の心の中には、ひとつの覚悟と変化が生まれたのです。

その「覚悟」のことについては、私はもちろんその場に居合わせたわけではありませんし、また海軍機関学校に入れば、家に戻れるのは年に一度、夏の休暇のみです。結果的にその年の夏、終戦を迎えることになり、それまでは一度も家に戻っていないので、その話を母に聞いて知ったのも、ずっと後になってからのことでした。

使用前、使用後

心身壮健なエリート海軍技術将校を育成する海軍機関学校の鍛錬は、それはそれは厳しいものでした。入校直後、校内を案内されたとき、柔道場の畳のところどころに血痕があったのを目にして思わずギョッとしたのですが、それだけに訓練の凄さも想像されました。

およそ民間では行ってくれることはなかろうという、高度な技能訓練、ハードな身体トレーニングをこなすうち、私の心身は、みるみる逞《たくま》しくなってきました。

入学当時は、審査基準ぎりぎりの七十五センチだった胸囲も、八十センチ、九十センチ……と計測するごとに大きくなってゆき、ついには百センチをゆうに超え、四ヵ月後には百五センチを記録しました。

水泳訓練にしても、プールの底に網を張り、力尽きて沈むまで泳がせるのです。網はまさにセイフティネット、沈んだ生徒を引き上げるためです。柔道、遊泳、持久走、それにラグビーや十人力相撲では選手として活躍し、あらゆる運動能力を鍛えて、私は強靭な肉体を得ました。後年私が、七十九歳で35・5トン、八十歳で51・5トン※次頁表参照という、普通の人ならからだが壊れる重量を持ち上げた筋トレ能力の基礎も、ここで鍛え上げられてでき上がった身体なのです。

ドクター・中松 八十歳のウェイトトレーニングメニュー

	マシン種類	負荷		回数	総重量
1	レッグカール	100Lbs		80回	3,680kg
2	レッグエクステンション	100Lbs		80回	3,680kg
3	シーテッドロウ	80Lbs		80回	2,880kg
4	ヒップエクステンション	120Lbs	右	60回	3,300kg
		120Lbs	左	60回	3,300kg
5	ロータリートルソ	90Lbs	右	30回	1,230kg
		90Lbs	左	30回	1,230kg
6	バタフライ	80Lbs		60回	2,160kg
7	アブドミナル	80Lbs		75回	2,700kg
8	プルオーバー	80Lbs		60回	2,160kg
9	ゴルフアンドボール	50Lbs	右	38回	1,748kg
		50Lbs	左	38回	1,748kg
		50Lbs	前	38回	1,748kg
		50Lbs	後	38回	1,748kg
10	背筋	40kg		110回	4,400kg
11	レッグキックプーリー	80Lbs	右	70回	2,520kg
		80Lbs	左	70回	2,520kg
12	レッグプレス	96Lbs		100回	4,360kg
		96Lbs		100回	4,360kg
				Total	51,472kg
					51.47(Ton)

幼少の頃から少年期までの私の写真を見ると。顎は三角にとがり、線の細い女形《おやま》のような顔立ちなのですが、それが、肉付きのよい顎に頬の筋肉が張った、精《せい》悍《かん》な顔つきに変わっています。眼光も鋭く、眉も太くなったように見えます。

今のドクター・中松フェイスの原型も、この時でき上がったといえます。

まるで「使用前」「使用後」のように変化したのは、しかし、身体だけではありませんでした。

何しろ海軍機関学校では、朝の起床から夜の就寝まで、それこそ、分刻み、秒単位の訓練スケジュールを淀みなくこなしていかなければなりません。海軍軍人はいつ死んでもキレイな下着を着ているよう、身の廻りの綺麗さ、そして、厳格な生活規律、正確な時間厳守が徹底的に教育されます。「スマートで目先が利いて几帳面、負けじ魂、これぞ船乗り」です。その中でちょっとでもミスをしたり、もたもたしたりしていようものなら、上級生の怒号と鉄拳が飛びます。

当然です。戦場の最前線にあっては、一分の隙、ほんの小さなミスが、作戦を、自分の命を、また部下の兵たちの命を脅かし、国家存亡の事態に至る危険をも招くことになるのですから。

そうしてその最前線では、厳しい鍛錬の成果が出るのです。将校として背後につく部下の面倒を見ながら、指揮をするのは自分です。ありとあらゆる状況から知識と情報を駆使し、思考し、自ら判断を下すのです。自分の力だけを頼りに、物事に対峙しなければならないのです。

そこには、背を押してくれる者も、全身抱えて護ってくれる者もいません。

自分の気力と、体力を鍛えることが肝要なのです。もちろん、頭脳のほうも、最高の海軍教授による最高の授業を受け、学力に一層磨きをかけていきました。

そうして、重大にして、自分でも驚くべき変化が、この海軍機関学校での鍛錬によって私の中に、確かに生まれていったのでした。

復員

昭和二十年八月十五日。

この日を境に、日本は大きな変貌の時を刻み始めます。

「終戦」

長い後に歴史を振り返ってみても、そういう言葉であっさりとは表現できません。勝つと信じていた一億の日本人は、ラジオ放送で天皇陛下が「さらに努力せよ」とおっしゃったと思ったのです。この雑音で聞きとりにくいラジオを、第二種軍装（夏の制服）姿で、直立不動の姿勢で、私たち海軍生徒は聞いたのです。

それから後の一週間は、全校の海軍教授による、これまで以上に濃い集中講義が行われました。そして、終戦による「復員」で帰郷することになった日。

すべての教官が大粒の涙を流し、軍刀を腰に立ち尽くしていた日。

生徒の一人が、どこで聞きつけてきたのか――すでに先に降伏した、イタリア海軍兵学校の生徒は皆、占領軍に睾丸《こうがん》を切られ、生殖不能の身体にされた――というようなことを言うのです。

学校から、まず全書類、日誌を焼け。顔に墨を塗り、軍服、短剣、肩章や襟の錨章などをすべて外し取ること、と言い渡されました。それから。海軍生徒であるその正体がわからないようにする、ということでした。サッカーの試合のときにサポーターがよくやっているようなフェイスペイントの、そのモノクロ版のようなものです。

こうして私たちは、舞鶴から列車に乗り込むのですが、終戦の混乱で屋根もない、幌《ほろ》すらない、貨物列車しかないのです。

出た時は晴れていたのですが、京都から豪雨に見舞われ、傘もなくカッパだけで十五時間、夜通し立ち尽くし、学校から渡された三週間分の食糧も水浸しになったリュックサックの中でフニャフニャになり、その上リュックの布の染料で着色されて、食べられなくなっていました。着替え用の白い下着や衣服もぐっしょり、よれよれになっていました。

もっと大変なことには、一晩じゅう雨の中で立ち尽くしていた身体が、すっかり芯から冷えて、下痢が止まらないのです。後に、リヤカーに乗せてもらって病院に運び込まれ、アメーバ赤痢と診断されました。

それでも、命永らえただけでも幸運なことだと、言えるのです。

大空襲で焼け野原となった東京に、ポツンと帰る家が残っていたことだけでも、幸せなことでした。

懐かしの我が家。

それは母が自ら設計して建てた総檜造りの家。二百坪の立地から、建物内部の仕様、建築材に至るまで、母の叡智と美的感覚の結晶のような家です。

玄関扉の精巧な彫りは、それは見事で、芸術品ともいえるものです。

この扉を開くと、そこには母が立っていて、そうして映画の一シーンのような、母子の感激的な再会があるはずでした。

再び母に会える喜び。そして無事に帰り着いた安堵感。それに、自分でもたくましくなったと思うその姿を見て、母はどんなにか喜ぶだろうという思いの一方で、何か気恥ずかしさも感じていました。扉に掛けた私の手は、少し震えていました。

「お母様」

と声をあげたくなる気持ちを抑え、そろそろと扉を開きます。

玄関先の気配を察した母が、出てきます。

じいっと、私を眺めています。

頭の先から、足の先まで、なめるようにずーっと視線を落とし、それからまた私を見上げて眺めています。

そうして、首をかしげながら、

「あのう……、どちら様でしょうか?」

「……」

はじめは冗談かと思いました。ジョーク好きの母の、一世一代のジョーク。

息子との感動的な再会も、喜劇の一コマにして笑いをとろうとしているのか……。

しばらくまた私をなめるようにじいっと眺めて、

「あああ……、義郎さんじゃないの!」

何かをやっと思い出した、というような声をあげる母。

ここでやっと、感動の一シーンです。

母子の変化

ようやく私が私だと母が気づくまで、それにしても随分と時間がかかったものです。

それほどまでに私の変化は、大きかったのです。

すっかり体格もたくましくなり、面構えも精悍な、別人のようになった私。

そこには六歳の頃のあどけない幼顔はもちろん、母と一緒に海軍機関学校の門をくぐった、たった半年前の私の面影すら、残っていなかったのですから。

母子再会して、その晩は、夜が更けるまで、この一年のことをいろいろ互いに話したものです。その話の端々にも、おそらく母は私のまた別の変化も見てとったと思います。

鍛えられた目つきの力強さ。目は口ほどに物を言う。鋭く強くなった私の目力《めぢから》は、機関学校の鍛錬の賜物です。人間の精神の強さそのものです。誰にも頼らず、自らの足で立とうという自立心の強さ、意志や芯の強さ、それらがすべて目力に表れます。

そうした私の変化を、母がはっきりと受け止め、それを充分に納得する受け皿も、母の中にできていました。母の受け皿は、「あの時」に準備ができたのです。

海軍機関学校入学式の翌日、機関学校長日高少将の邸。

後年、母はこの時のことを、一部始終話してくれたわけではないのですが、少将夫妻との「覚悟」――、そこでは、息子の海軍機関学校入学に対する「心構え」や、今後の息子の身の処し方、そして母自身の身の処し方にまで話が及んだらしく、またこの時日高少将の奥様にも、かなり厳しいことも言われたようです。

「息子さんのことは、諦めなさい」

これは別に、軍人としていずれ戦場の最前線にいくのだから、息子さんの命も覚悟を決めなさいと言っているのではありません。上官である少将の口からは、日本の明日を担う青年士官の命云々を言うのはタブー、あり得ないことです。

これは、母の中にある息子への思いを断ち切りなさい、ということを意味していました。

いくら聡明で気丈な母でも、さすがにその時は、激しい落雷をもろに受けた思いだったかもしれません。

しかしやはりそこは母のこと、少将夫妻の言を咀嚼《そしゃく》し、消化する賢明さがありました。それがごく自然に母の在り方を変えていきました。

私は私で、もし海軍機関学校を経ずに、普通の青年のように思春期を過ごし、東大に入り、卒業していたら、ただの青白きエリートにしかなっていなかったでしょう。そして、母をこよなく愛しているといっても、それはただのマザーコンプレックスの思慕に終わっていたでしょう。

海軍機関学校を軸にした、母と子の変化。

そうしてそれが、その後何十年と続く、新しい母と息子の関係、もちろん変わらぬ愛情の中にありながらも、それまでとは異なる関係――一人の一人前の人間としての息子と、一人の人間としての母との関係へとつながってゆき、その人間同士の絆を一層固いものにしたのです。

第2章

母の家

My mother's House built after her design

母の叡智と美的センスの結晶が、
世田谷の地に新築されました。
広い芝生の庭を前にして、
サンルームの日溜まりの中で
微笑む母。

1928年6月26日。
ドクター・中松誕生。
父・一《はじめ》の膝の上で。
寄り添う母・芳野《よしの》。

フロッピーディスク、
ナカマスコープなどの
発明を生んだ、
永遠の家の、
永久保存された玄関扉。
今も母はこの扉から
「ただいま」
「お帰りなさい」と……。

家族の肖像

母のDNA

一九二八年六月二十六日。

母の胎内で、母の血から酸素や栄養をもらっていた私が、初めて自分で呼吸を始めた日です。私の、誕生の日です。

父・中松一《はじめ》。

徳川幕府三百年、岡崎からの直参旗本で、四十七士赤穂城の受け渡しの際には、正使・脇坂淡路守（安照）、木下備後守（公定）を従えた幕府重役中松十郎左衛門が城受取責任者となり、またその後幕府家老職も勤めたこともあるという、高級武家の本家。父は、その家の長男でした。

父の生家は今の東京・青山の地にあったのですが、この青山という地名も、中松家の家臣であった青山という殿様が、この現在の青山一帯を拠にしていたことに由来しています。

祖父は自分の息子や娘たち、つまり父の兄弟姉妹をことごとく、三井財閥の総帥や、日銀理事、三井物産、中島飛行機など、戦前の経済界をリードする企業の役員に配し、あるいはそうした家に嫁がせ、グループ形成の基盤を築いた人物です。

母は、「おじい様は偉くて賢い人ですね」と私に話していました。

父は、横浜正金銀行に就職。横浜正金は、現在の東京三菱ＵＦＪ銀行の前身とされていますが、当時日本では唯一、金取引のできる国内最大で唯一の外国為替銀行であり、民間銀行ではなく、政府管轄の特殊銀行として、金融・貿易の増進や国策の遂行にも支配的な役割を担っていました。現在、旧横浜正金銀行本店の建物は、横浜港町は馬車道の神奈川県立歴史博物館として利用されており、正面玄関のドームやドイツルネサンス様式を取り入れた外観が当時の格式と隆盛を彷彿とさせる、堂々たる姿を現しています。

父は堪能な語学力と経済学の知識を活かし、この横浜正金に入行し、そして戦後、ＧＨＱによる解体・清算後は日本勧業銀行(今のみずほ銀行)を勤め上げた、長身で水泳、テニス、ゴルフなどが得意なスポーツマン、スマートでハンサムな、極めて実直な人でした。

そうして、母。

中松芳野《よしの》。

旧姓・桐村芳野は、福井藩の御典医の家系で自らも医師であった父・義英《ぎえい》と、加賀藩の家老を勤めた武家出身の母たえの長女として、京都の地で生を受けます。明治三十一年(一八九八)九月二十八日のことでした。

幼少時代から京都第一女学校を卒業するまでのほとんどを、母はこの京都の地で育ち、過ごしました。母は東京帝国大学に入りたかったのですが、当時は女性は受験できず、やむなく女性の学校として当時最高峰であった東京女子高等師範学校(現・お茶の水女子大学)に入学し、首席で卒業。それ以降、母はずっと東京の地で暮らしていましたから、標準語なのですが、端々《はしばし》に京都弁らしい話し方を、私は聞いていました。特に、名詞にことごとく「お」をつける言葉遣いや正確な敬語の使い方は、母が京都人であったことを示す、母の話し言葉の特徴でした。

「おさかな」「おりんご」「おつくえ」「おかばん」「おくつ」……。私も幼少の頃は、母のこの言葉遣いそのままで話していましたから、幼稚園や小学校などでは、周りの子に不思議がられたりからかわれたりしたものです。

母がまだ小さい頃に、母の父が、アメリカに留学して医学を勉強し、そうしてさらに、ハワイに自らの病院を設立し、弟の義雄はシカゴ大学に留学。母は福知山の叔母の許に預けられていたようですが、この叔母の家が、造り酒屋。どんなにお酒を飲もうが酔ったことはないという酒豪の母の基礎訓練は、このあたりに端がありました。

ところで、この母の父、私には祖父にあたりますが、この祖父にはまた、発明の才がありました。

米国で医学の研鑽を積み、ハワイに病院まで建てたということもさることながら、新車を買って、それを自分でいったん解体して、さらにその解体した部品から車を組み立ててつくったというのです。その当時の写真も残っていますが、がっしりとした黒い、当節流行《はやり》のロールス・ロイス型、これを手造りしたのですから、フォードも真っ青でしょう。

また祖父は、カラー写真も発明しています。カラー写真は、一八六〇年代頃から開発が始まり、イギリスの物理学者ジェームス・クラーク・マックスウェルが一八六一年に、光の三原色(赤、緑、青)のフィルターをつけて撮影した三枚の写真を重ねて現像したカラー写真が史上初のカラー写真といわれています。また、一九〇〇年初頭に、帝政ロシア最後の皇帝ニコライ二世のお抱え写真家であったセルゲイ・プロクジン＝ゴルスキーという写真家が、三枚のカラー乾板を素早く連写するという方法でカラー写真を撮影する方法を発明していますが、祖父の時代は、カラー写真は、まったく実用化されておらず、すべて白黒だったのです。祖父は、当時はそれしかなかったモノクロ写真機で、カラー映像になるようにしたのです。

この祖父の建てた病院を見たいという母の希望により、私は母をともなってハワイ・カウアイ島に行きました。地元の長老のような方が、自分がまだ子供の頃にはあったというその病院の建っていた場所に、案内してくれました。そうしてまた、「ドクター・キリムラ」はハワイ中で有名で尊敬されていた、と語ってくれました。

現地へつくと病院跡地の木が大きく茂っていました。

母がそこで、

「ここがそうなのね。父の病院は、ここに建っていたのね。そしてこの樹が、父が植えた木ね」

と、眼を潤ませながら、祖父の手を握るように葉っぱをほほにつけ、キスをして涙を流し、「お父様、お父様」と泣いている姿を、私も、その時旅を共にした私の子供たちも見て、これだけ父と娘の関係が深かったことに感動を覚えたのでした。

海に囲まれたその島で、祖父の建てた病院は、地元の人たちの命綱として機能し、そうして人々に親しまれ、愛されていたようです。確かに祖父の病院は非常に繁盛し、「行李に入りきらないくらい金貨がざくざくと」あったと祖母が言っていますが、ここで得た財のあらん限りを、祖父はアメリカにいる息子、義雄の教育につぎ込んだのです。

母の弟・ポール（桐村義雄）は、愉快でいつもジョークで母を笑わせ、シカゴ大学の医学部を卒業後、医師になりシカゴ大学教授で恩師の娘エビと結婚しますが、その傍ら、アメリカのシカゴトリビューンなどの新聞や雑誌の一コマを飾るほど、漫画の才があり、ユーモアのある天才としても活躍した人でした。祖父は、義雄の幼少の頃から息子の才能を認め、当時の日本の漫画の先鋭者・田川水泡を、義雄の「漫画の先生」としてつけていたのです。

こうした祖父の「才能ある息子には金子を惜しまない」姿を見ていた母だからこそ、後に同じように、自分の息子に、充分な――充分すぎるほどの金肥を注ぎ込んだのでしょう。

そうして同様に、母はわかっていたのです。この祖父からの血、ＤＮＡが母の血に流れ、さらに母から私に受け継がれていたことを。私が幼い時分からこの祖父が私の指を見て、

「この子は器用な指をしている。きっと素晴らしい人間になるよ」

と母に話しかけていました。

あるひとつの「夢」が証すもの

母のＤＮＡ。それがきっちり寸分の違いなく私に受け継がれていたことは、私の「夢」にも、はっきりと表れています。

幼い頃から私は、同じ夢を繰り返し、見るのです。

――画面の右半分のところに水車が回っています。私はその左の狭い道を歩かなければならないのですが、その水車に遮られて、歩けません――。

あるとき、母と雑談をしている折に、母が言うのです。

「私は小さいときから、大きな水車の横の道を歩く夢を見るのですよ」

私は呆然として、驚きの声すら出ませんでした。

このときに、私は確信したのです。

このように、同じ夢を見る――脳に組み込まれた映像は、私のそれと母のそれと、まったく一致している――。つまりそれは、脳の構造から個々の細胞に至るまで、母の脳から私の脳へとまるでコピーされたように、そっくりそのまま伝えられているということなのです。

親と子の絆。

それは究極的には心で結ばれるものですが、その絆の深さはときに容姿や体つきに表れ、仕草や性格にも垣間見え、そうしてそのことがまたさらに、心の絆を固くしてゆくのでしょう。

母と私の絆は、最も確かな絆なのです。「ハード」である脳が、母のそれと私のそれとはまったく同じであり、したがってそこには、同じ「ソフト」とプログラムが組み込まれているのです。それゆえ、心も一層固く結ばれていたのだと、私は思うのです。

母の横顔

遊軍で、あだ名の名人

前述のように母は、京都第一高女を卒業後、上京、東京女子高等師範学校に入学します。

祖父のＤＮＡから、母は理系の物理学を専攻。そうして運動神経も抜群の母は、この東京女高師のバスケット部の選手としても活躍したのでした。

ポジションは「遊軍」。足が速く小回りがきき、そして頭の回転も速いので相手の球筋など状勢をいち早くキャッチして、それを受けにいく、という、運動機能も頭脳も、そして行動力にも優れている選手でなければまっとうできない重要な役割。後年の母の積極性や行動力からすると、さもありなんと納得するポジションです。

バスケット部の雄であった母は、また、同級生や後輩からも常に一目置かれる存在でした。スリーサイズのバランスのとれたスタイル抜群のすらっとした体格、面長で切れ長の目に高い鼻、当時アメリカの美人女優として名高い「グレタ・ガルボ」の名で呼ばれていた母。

そういうあだ名で呼ばれていた母ですが、その母自身がまた、あだ名の天才でした。

「今日ね、アブラゼミに会ってきたわ」

これは、用あって中松家のお寺に行って帰ってきたときの母の一声。この寺の住職のよむお経はいつも、

「みいん、みんみんみん、みいん、みん、みん……」と聴こえるため、住職はミンミンゼミのアブラゼミ。

「デブの細工は、ほんとうにたいしたものですね」

原宿や世田ヶ谷の私たちの家を建てさせた出入りの腕ききの大工の棟梁は、がっぷりとした体格。今でいう超メタボ。まあそのもののネーミングなのですが、母が言うと、愛嬌が出てきます。

「ネズミがキツネを討ち、ネズミの子がタヌキに討たれた」のは、戦国絵巻。主君の仇と豊臣秀吉が明智光秀を討ち、その豊臣秀吉の子、秀頼が、徳川家康に滅ぼされたのですが、戦国の武将も、母の手――ではなく口にあっては、この通りとなります。

洒落も一流です。

私が若い頃、近所に住んでいた中学時代の同級生がヤナセに勤めていて、「うちのベンツを買わないか」と誘ってきました。自分で独立して建てた会社が軌道に乗ってきて余裕も生まれ、それに「社長の乗物といえば」ベンツですから、早速購入。そうしてほどなく我が家にやってきたベンツのナンバーは、「4040」。当時は自動車のナンバーを自分で選ぶことなどできませんでしたから、これでいくしかないのですが、小学校の同級生で当時日経新聞社の株式部長をしていた口の悪い友人は、「よれよれでしわしわ」と、些かやっかみ含みのケチをつけます。それを聞いた母、即座に、

「4040は、寄れ寄れです。人が寄ってくる。人望が集まる、ということです」

いかにも「社長」にふさわしい車のナンバーだ、というわけです。

話を聞いて、およそ一秒、いや〇・五秒と間を置かず、瞬間的に「4040」を「ヨレヨレ」から「寄れ寄れ」

に変換するその頭の速攻力——遊軍的な回転の速さにも、脱帽です。

頭脳明晰、運動神経抜群、容姿端麗と、普通の人なら近寄り難い人物と思われそうですが、ところが母の生来の明るさ、人なつっこさ、ジョークが得意で活発な性格、そうして何より、人に対する思いやりの深さ、慈愛の心——それゆえ母は、周囲の人を惹き付け、信頼され、愛される存在であり、それは終生変わることのない、母の天性の姿でした。

東京女高師時代に母はまた、日本画家・荒木十畝の薫陶を受けます。荒木十畝といえば、日本画会を創立し、文展、帝国美術院展(それぞれ現・日展、院展)の審査員なども務め、一九一〇年のロンドン万博では名作『初夏』で金牌を受賞するなど、国際的にも名を馳せた、明治・大正・昭和の日本を代表する大家です。その師のもと、母は幼少の頃からみせていた画才を発揮し、師の一の愛弟子となるのです。

私の八十歳の傘寿を祝うパーティの会場を、東京・目黒雅叙園にした理由は、ここに母の師の荒木十畝の作品があるからでした。

天性の教育者

母はこの東京女高師を首席で卒業。当時師範学校卒業後一年は教育者として教壇に立つことが義務付けられていたのですが、母が赴任を命ぜられたのは、金沢市の女学校でした。そこで母は「校長はすべて母の提案を受け入れること」を条件にＯＫしたのです。

雪深いこの地で、母は教育者としての第一歩を踏み出すことになったのですが、この学校に赴任したたば

かりのときの第一印象を、母は、肩をすぼませて見せながら、

「こうやって縮こまっている。活気がありませんでしたね」

と語っていました。

雪国では、一年の三分の一は雪に囲まれ、雪に埋まっています。そこに生活する人々、そこで学ぶ生徒たちが、母の目から見ると、いかにも小さくおさまって、若者らしい覇気がない、と映ったのでしょう。

母は考えました。

「雪を蹴飛ばして、生徒たちに元気を出させなければいけません。そのためにはどうしたらよいのか——」

ここでまず母は、体育学科のカリキュラムに、今までにはなかった「スキー」を取り入れ、ロシアから陸軍中尉を先生として呼び寄せました。

体育にスキーを取り入れるなど、日本の教育史上でも初めてのことでした。

雪国では生徒はカンジキをはいて登校し、屋外でのスポーツのほとんどは、雪に覆われたゆえのハンディがあります。しかしスキーなら、他のどこよりもベストの環境にあり、この雪国だからこそ、盛んに行えるスポーツなのです。母は、「適材適所」のスポーツをさせること、その土地ならではの「良さを引き出す」ことで、生徒たちに活気と、そして、誇りを持たせようとしたのです。

次に母が行ったのは、学校の制服を、洋装にすること。

当時の女学校では、今の女子大生の卒業式衣装の定番、着物に袴姿、というのが常識でした。もとより日常着が和服、着物でしたから、立ち居振る舞いも今時の女子大生のように苦労はしませんが、それ

でも動きやすさという点では、洋服のほうが圧倒的にまさっています。生徒たちが活発に行動できるよう、母はこの学校に洋装の制服を取り入れ、それも、自らデザインを手掛けてという、画期的な発明に至ったのです。

こうして母は、活気みなぎる生徒たちの学校づくりを実現させたのですが、女性が活発に、積極的に行動する、ということが当たり前ではなかった時代のこと。その後の女性の社会参画の歴史においても、非常にエポックメーキングな意味を持っているのではないでしょうか。

赴任したばかりの新人女性教師が、常識を覆す改革を実現したのです。その母の、機知と気鋭の精神と行動力は、まさにサプライズ、驚異的です。

私の誕生パーティには、母の金沢の女学校時代の教え子たちが母に会うために毎年出席します。そこで母に「先生は私たちの誇りです」と涙ながらに感謝の言葉を語るのを聞きながら、母は嬉しそうにしていました。

このときの母は、まさに、教育者冥利に尽きる思いだったことでしょう。

それも、母の熱く志高い教育者魂があったればこそです。

言うまでもなく、何年か後、教壇を降り、子の母となった母のこの教育者魂は、息子――私唯一人を対象に、注がれることになるのです。

母と父

その母のもとに、ひとつの縁談が持ち込まれました。その仲介《なこうど》となったのが、母の女高師時代の教授であり、また当時政府にも意見具申するブレインとしても高名な学者、穂守先生でした。

「穂守先生のご紹介なら」

ということで穂守先生にアメリカからお願いしていた祖父は、もちろん承諾し、母が父の許に嫁いだのですが、その前に、父の生家では、由緒ある武家を継ぐ長男の嫁選びも念入りに行われており、十名ほどの花嫁候補の中から、父の父、つまり私の父方の祖父が「我が中松家の長男の嫁に最も相応しい女性」として、母をご指名していたのです。母は後年このことを、

「中松のお父様に、十人の中から最もふさわしい嫁として選んで頂けたのは、とても光栄で嬉しく思ったものです」

と、本当に嬉しそうに親しい人に語っていたといいます。

かくして、母は中松の家の人間となったのでした。

そうして、待望の長男、私が誕生するのです。

直参旗本家では、誕生した男児は母方が、女児は父方が命名するのが慣わしです。

「義郎」

その慣習通り、この名は、母が与えてくれたものです。

自分の「芳」の字、これは、女性名の漢字ですから、「よし」の男性文字、祖父・義英や叔父・義雄にもある「義」の字をとって、「義郎」。これがドクター・中松の下の名です。

私の生家は、青山にほど近い、原宿と千駄ヶ谷の間に位置する小高い丘の上の一戸建て。

実はこの家は、母が設計して建てた家です。

明治維新でそれまで直参旗本として東京に多くの土地を持っていた中松家の土地はほとんど没収され、残ったのは四谷、千駄ヶ谷、原宿、青山。

この四谷の家で母は、関東大震災の折、崩れ落ちてきた梁の下敷きとなり、おでこがパックリ開く大ケガをしたのです。母はその経験から、自ら設計を手掛け、原宿の坂上の日当たりのよい角地に、地震に強い総檜で建てた家が、新しい中松家の居城となったのです。

その家には中松家伝来の家宝や、武士の魂である日本刀を収める「刀簞笥《かたなだんす》」なるものがあり、刀が数十本収納されていました。私も幼少の頃、晴れた日に母がその刀簞笥に収められた日本刀を取り出し、まるで衣服の虫干しのようにずらっと並べて、一本一本、丁寧に磨き、手入れをしていたのを見たことがあります。そうしたことも、武家に嫁いだ嫁の大切な仕事のひとつだったのです。

ここでまた「武家の嫁」というと、畳に三つ指ついて「お帰りなさいませ」と主人の帰宅を出迎え、主人の着替えをかいがいしく手伝い、その主人の命令することには黙って従い、主人の影を踏まぬよう、常に三歩下がって付き従い……、と想像されがちですが、実をいうと、そのような母と父の姿というのは、私には見た記憶がないのです。

私の知る母と父の姿は、例えば、共に並んで仲良く謡をうたったり、時には父の謡をバックに母が仕舞を舞う、という、仲睦まじい夫婦共演の姿。

また、積極性や行動力にまさる母が諸事をこなし、父がその母にすべてを任せるという関係——実直で善人なまじめ人間、いかにも人のいい父は、頼りになるパートナーとして母に間違いはない、と信じ、固い信頼関係にある、二人の姿です。

「お祖母様はすごい人。お祖父様は、家長としての尊厳があった」

と、後年、母の孫の目には映っていたようですが、実際、聡明で活動的な母と、「よきにはからいなさい」とおっとり構えた旗本の父、というのが、母と父、二人の姿なのでした。

「これで、いきましょう」

息子が誕生して、母の愛情は息子であるこの私が一身に浴びることになります。が、かといって、父がないがしろにされていたわけでは、決してありません。

私が小学校の低学年の頃のこと。大病らしい大病をしたことのない父が、胃腸のあたりに異変を訴えるようになり、それは日に日に激化し、ついには寝込んでしまったのです。母は、

「私はベストを尽くす主義です。自分の大事な主人であるお父様には日本一の名医をつけます」

と、当時日本最高の胃腸学の権威といわれた慶応大学医学部教授の大森博士に治療を依頼したのです。そういう最高権威の医者ですから、治療費も、天井レベルです。しかも健康保険などはききませんから、全額現金払い。その上、大森博士のもとへは車でお迎えに行き、帰りはまた車を手配してお送りするということで、大変なお金がかかります。

ところが、この大森博士の連日の回診にも関わらず、ひと月経っても、半年経っても、父の病状は一向に快方に向かう気配もありません。それどころか、父は、日々目に見えて、衰弱していくばかりなのです。

しかし、なんといっても、先生は日本最高の権威ある学者医なのですから、これ以上の治療は望むべくもありません。連日博士を車で送迎し、父の治療を続けたのです。

治る保障はないが、とにかく、最善尽くして、この日本最高の権威に賭けてみよう——。

ギャンブルとまでは言いませんが、今思うと、これは「賭け」のようなものでした。太っ腹の母らしい決断と行動です。そしてこれがまた、半端でないのです。

父が床に伏してから、およそ一年の時が流れていました。

年の瀬も迫り、世間では新年を迎える準備に追われる時期なのですが、我が家では、そういう慌ただしさとは無縁にありました。

主である父が病の床にありながら新年のめでたさなど、ということもあるにはありましたが、それ以前の問題でした。何しろそのとき家の貯金は、遂に底をついていたのです。

母は、父の治療のために、全財産をつぎ込んでいたのでした。

とにかく、中途半端なことはしない母です。何をやるにも「徹底的」なのです。父を日本一の名医につけると決めた以上、貯金をすべて投げ打ってでも、それを全うするのです。

母は、私にこのときは何も言わず、苦しさはおくびにも出しませんでしたが、後年「あの時はまったくお金が無くなったのよ」とニコリと私に話すのでした。

明けて正月。

家の二階奥の、ほの暗い、父の寝室。父の床の傍に母がついています。

万事手は尽くした。

後は――。

日本一の名医が診立て、渾身《こんしん》の治療を施しても治らないのです。一年もかけて、貯金をすべてかけて託した治療も、遂には実を結ばなかったのです。

これ以上、一体何ができようか――。

母は、薬箱の中から、一つの薬瓶を取り出しました。

「これで、いきましょう」

虫下し。

医学的な根拠もなく、これまでの名医の診立てとの整合性も何もなく、しかし母が「最後の手段」として手にとったのは、虫下しの下剤でした。

食事もろくにとれずに骨と皮ばかりに痩せこけ「痛い痛い」といって、夜も母を起こして助けを求める父。その父の口に虫下しを含ませ、飲ませたのでした。

そうして間もなく――。

出るわ、出るわ、数えきれないくらいの回虫が続々と、出てくるではありませんか――。

翌日から父の食欲が回復し、あっという間に大病は癒《なお》り、父は一年ぶりに床を上げ、以前の生活に戻りました。

母の二つ目の賭けは、見事に「勝ち」を収めたのです。まさに九回裏のサヨナラ満塁逆転ホームランといったところでしょう。

私たちは、ここでようやく、遅ればせながらの正月を、めでたく迎えたのでした。

母の「信念」、家をも建つ

「お入学」

想定外の「桜散る」

桜は、日本人にとっては特別な郷愁をそそる華です。ある人は生まれ育った故郷の空を仰ぐ桜の樹を思い、ある人はその季節とともに迎えた希望の日のことを。

私ももちろん、その一人です。

淡いピンク色の花びらが舞う中、お母さんに手を引かれながら顔を輝かせて、踊るように歩く子供の姿に、その頃の自分を重ねて思わず目を細める人もいることでしょう。

ただ私の場合には、入学式、記念すべき晴れやかな日の「ほほえましい想い出」よりも、小学校入学にまつわる一連の出来事のほうが、どうも強いインパクトで迫ってくるのです。

私が「最初に」入学したのは、麹町の番町小学校でした。

「最初に」と強調するのは、後に転校、それもただでは終わらない転校という一大事に相成るからなのですが、しかしこの最初の小学校に入学するのですら、実はひと騒動あったのでした。

騒動などというと、何かよからぬ悶着でもあったのかと思われてしまうかもしれませんが、そういうわけではありません。ただひとえに、私の就学を目前にした当時の母にとっては、息子が「どの小学校に行くか」は、他の何事を置いてもの一大事だった、ということです。

それは、今どきの教育熱心なお母さんでも同様かもしれません。ひところ、子供を私立小学校へ入学させようと躍起になる母親たちのひと騒動を描いた「お入学」という映画が話題になったこともありましたが、何しろ私の母の場合は、東京女子高等師範学校首席卒業、教育者魂も半端でなく満ち溢れているところに、その教育者魂を、その時はもう息子唯一人に傾けていたわけですから、その熱心さも筋金入り、鋼鉄のごとき極太のスジが入っていたのです。

そのスジの始まりは、私が、東京府立青山師範学校（後に第一東京師範学校を経て現在の東京学芸大学附属小学校を受験するところから——、いや、もしかしたら、それ以前に、私たち一家が青山に近い原宿に居を構えていたところからして、すでにことが始まっていたといえるかもしれません。

高等師範学校出身の母は、息子の小学校は、とにもかくにも教育程度が高く、しっかりと教える師範学校の附属小学校にと、はなから決めていたのです。これはきっと、わたしが生まれた時から心に決めていたと思います。そして、学校までは、最も安全な通学方法で、つまり電車やバスなどを使わずに、歩いて通える学校。

その母の条件にそぐうのが、青山師範学校附属小学校だったのです。

実際私たちの家から青山師範附属小までは、子供の足でも二十分くらいの距離にありました。このように環境は万全に整っていたのですから、後は私が合格すればよいだけのことです。そしておそらく母は、それを確信していたことでしょう。

ところがここで、想定外のアクシデントが起きました。

私は、不合格になってしまったのです。

五歳で初めての発明をしたという子供でさえも、落ちてしまう試験とは、いったいどういう試験だったのか――、と訝しく思われるかもしれませんが、その試験たるや、「くじ引き」だったのです。

現在でも一部の国公立大学の附属小学校や中学校では、伝統的にこの「くじ引き」方式の試験が残っているところもあるようですが、少なくとも当時の東京府立の附属校では、「平等性を保つため」という名目で、一律にくじ引きによって合否が決定していたのです。

そのくじも、丸いコップのような箱にお箸のような棒が何十本と入っていて、そのお箸を一本指で抜き出す、というものです。お箸のお尻にしるしがあれば、合格。何も塗られていなければ、不合格。

私が緊張しながらそろそろと抜き出した棒は――。

何も塗られていない、先っぽが裸の棒でした。

桜散る。

自分が悔しいというより、これで母がどんなに悲しい思いをするか……そう思い落胆する私に、しかし母は、内心がっかりしながらも、私にはキッと、

「こんなクジなんて。もっといい学校を、探しましょう」

息子が青山師範附属小に入学することを、誰よりも熱望していたはずの母が、こう言うのです。

切り替えがはやい、というよりも、そのあまりの熱心さゆえに、ここでだめだとなれば、次なるターゲットへとその熱心さの矛先を即座に転換する機転のはやさ、そして芯の強さというべきでしょう。

番町小学校へ

こうして母が次に狙いを定めたのが、当時東京で一番良いと評判の高かった麹町の番町小学校なのでした。

当時番町といえば、財閥や日本の中枢部の人物が居を構える一帯で、長者、今でいうセレブな人々が集う「番町会」なるサークルもあったような町です。その地元の番町小学校は、そういう知識人や成功者やセレブな人々の子女が通う学校でした。

創立は明治四年（一八七一）、学制発布以前設立という伝統と歴史をもち、東条英機、吉田茂など歴代首相ほか、小説家や芸術家など多くの文化人も輩出しています。戦後には、番町小学校から麹町中学校、日比谷高校を経て東大という一連のコースが、日本のエリートモデルといわれた時期もあり、現在でも学区外からの越境通学者が多いことで有名ですが、当時も府立一中・四中（それぞれ現在の都立日比谷高等学校・戸山高等学校）、東京高等師範附属中など上位校への進学率の高いこの小学校に、母は白羽の矢を立てたのでした。

しかしここでもひとつ、問題がありました。「学区」です。

麹町は当時の麹町区、そして私たちが住んでいた原宿は、麻布区です。普通に考えれば、私が麹町小学校に入学するのは、不可能なのです。しかし、母は、

「何とかしましょう」

母はすでに、ちゃんと「あたり」をつけていたのです。

当時三井財閥のヘッドを務めていた叔父、母にとっては夫の弟ですから義弟なのですが、その叔父が

この番町に住んでいたのです。早速にも母はこの叔父の家に出向き、そうして、ここで一気に事を解決に導きました。

私を、形だけ叔父の家に寄留させる。つまり、私の住所を、麹町にする。

これで私は、番町小学校に入学する資格を得ることができるというわけです。

家から麹町までは、原宿から省電(現在のＪＲ。戦後「国鉄」になるその前は「省電」といっていたのです)山手線に乗って一駅の代々木で降り、ここで中央線に乗り換え、四谷まで。四谷駅から番町小学校までは徒歩で行ける距離です。

「なるべくバスや電車を使わずに」というところでは、ぎりぎりの許容範囲ではありましたが、母はとりあえずはこれもよしとしたのです。

番町小学校は公立ではあったのですが、当時は入学試験がありました。これもあるいは、学校の教育レベルを保ちたいという「番町会」の御歴々によるものだったのかもしれませんが、そこで母は早速、番町小学校入試専門の家庭教師を見つけ、私はみっちり訓練をされました。そうしてとにもかくにも私は、この筆記試験による入学試験に合格し、晴れて番町小学校のピカピカの一年生。これにて、一件落着——。

……であったはずなのですが、母にしてみれば、ここで「すべて」が一件落着したわけではなかったのです。ここから先は——、もう、これは母の「信念一路」、そして「お母様流・孟母三遷」の物語です。

一家あげての大移動

一難去って、また一難

時を経て、番町小学校入学から、四年目。

ここで私は再び、青山師範学校附属小学校に挑戦することになったのです。

当時青山師範附属小では、小学校のちょうど真ん中の学年、四学年での編入試験を行い、新しい学級第二組をつくるということが行われていました。その際には、先の入試のようなくじ引き方式ではなく、普通の筆記試験により合否が判定されていました。くじ引きによる入学者は一組といい、一組より二組のほうが優秀といわれていました。

「筆記試験なら、息子は合格する」

母は、今度こそ確たる可能性をみていたと思います。

師範学校附属で息子を学ばせる——。

母のこの悲願は、ここにきてようやく、叶えられんとしていました。

これでめでたしめでたし……とならないところが、諸行無常の世の中というもの。

安堵する間もなく、ここでもまたもや、問題が起こったのです。

その頃、青山師範附属小では、当地青山の敷地が手狭になったため、移転の話が持ち上がっていたのです。その移転先として都内の様々な地が名乗りをあげていたのですが、東急電鉄は、当時の東横線碑文谷駅を「青山師範駅」と改称し、戦国状態の誘致活動に王手をかけたのです。そうして実際に、最終的にこの地――今の「学芸大学駅」近隣の世田谷区下馬に移転先が決定したのですが、これがまた母にとっては一大事、一難去ってまた一難だったわけです。

原宿の家から学校までは、まず省電山手線原宿駅から渋谷駅に出て、そこで東急東横線に乗り換えて、その「青山師範駅」まで。そして駅から十五分かけて歩きます。今なら三十分とかからない電車の道のりも、当時は省電渋谷駅から東横線渋谷駅までは今のようにターミナルとしてつながってはいませんでしたし、電車のスピードにしても段違い、一時間近い所要時間でした。

――道中何が起こるかわからない、そんな危険に満ち満ちた通学をさせるなんて、とんでもないことです！――

母にしてみれば、そういうことになります。母が特別心配性だったのかというと、決してそうではなく、むしろ大胆でおおらかな性格の人でした。しかし、こと、私の身の安全ということになると、話は別なのです。

このときの母も。おそらく寝食忘れて諸策巡らせていたであろうことは、想像に難くありません。考えてみれば、私が小学校四年といえば昭和十三年、前々年には二・二六事件などもありました。このときには、原宿の家の二階から、雪で真白な前の明治通りにずらりと並んだ機関銃と剣付鉄砲の兵隊を間近に見ています。突然政治が引っくり返る、そんな不穏な空気も漂い始めた時代。さらに交通事故や誘拐など、何かの忌まわしい事故や事件に巻き込まれるようなことがあっては、一大事——。しかし今のように子供に防犯ブザーや携帯電話を持たせるということもあり得ない時代、母の心配を解消する手だても簡単に見つかるものではありません。

が、なんといってもここで、ようやく叶おうとしている悲願のチャンスを、むざむざ捨て去る母ではありません。防犯ブザーや携帯電話のかわりに、母の講じた「息子の安全を守る策」とは——。

母の信念の副産物

母は一人で当の学校の移転先、世田谷の地を訪れ、そこらを歩き回り、その末に、青山師範附属小からわずか三〇〇メートルほどの所に、角地に二百坪の土地を見つけました。そうしてこの土地を直ちに買い取り、そこに、家を建てたのです。しかも今回も、母が自ら耐震設計して——。

この理想的な角地に、しかも土地を贅沢に斜めに使って、家屋を南向きの理想的な方角に向け、高価で理想的な総檜材で、まさに理想中の理想の家を建てたのでした。

母の機転と機敏な行動で、学校移転とほぼ同時に家は完成。もちろん私も、四学年編入試験を受け、母の確信通りに、首席で合格し、附属小の新しい制服を着ることになります。

最初の番町小学校に入学するためには、私が叔父の家に、住所だけ「寄生」するだけで済みました。しかし今度は、一家をあげて、総動員の「民族大移動」と相成ったのです。

母の行動の速さと、その内容の徹底的たることにも感服しますが、長年、直参旗本・中松家の伝統的な拠点であり、一族一家の歴史的なゆかりのあった青山・原宿の地に、当主の父にもあっさりと、別れを告げさせることになったのです。おっとりした性格の父は、一家の主としての威厳は保ちながらも、実生活上の采配は、すべて母に全権委任していたようなところがありましたから、母の言うことならば、と腹を据えたのかもしれません。父は何しろ、母には絶大の信頼を寄せていたのです。

あるいはこれも、母の「確信力」の為せる技だったのかもしれません。

こうして母の信念で実った、私の師範学校附属小学校の入学。

そうしてそれに関連して、「どうしてもやらなければいけない」母の信念の副産物ともいえるのが、母のつくった家と、そこへの全家族の大移動。

しかしそれは、副産物というにはあまりにも、できすぎている家でした。

家として最高の品格をそなえた、輝かしい家だったのです。

永遠《とわ》の家

家の品格

理想の家

「家」は、ひとつの生き物です。

そこに住まう人は、その家がどう生きているかに大きく影響を受けます。

家が健康であれば、そこに住まう人も健康でいられます。

効率よく機能を発揮する家であれば、そこに住まう人も効率のよい営みをするようになります。

住まう人に快適さを与える家は、そこに住まう人に、世に快適さ——世に活きる「イキ」を生み出そうという意欲を湧かせ、そしてそのエネルギになるのです。

家の息吹が、住まう人の息吹になるのです。

母はそうした「生きた家」をつくったのです。

私はそんな理想の家で育てられ、成長したのです。

その理想の家とは——。

まず、北西と西南が通りに面した正方形の角地にあること。そしてその正方形の角地の対角線にそって、真南に家屋を建てたこと。さらにその家は、総檜造りであったこと。

これは、自然の恵みというメリットを最大限に受け、なおかつ自然から受けるデメリットを最小限に防ぐ、究極のエコハウスなのです。

北西と南西が解放された角地は、いうまでもなく、理想の日当たりが提供されます。

正方形の土地一画の対角線上というのは、その土地の中で最も家の幅を長くとれる線。同じ面積でも、幅が狭く奥行きの長い家になると、せっかくの日当たりを無駄にしてしまうのです。日照の恵みをできるだけ享受するには、家幅の広さ、これがポイントです。

ここで図に描いてみるとわかりやすいのですが、北西と南西が通りに面した土地をまず四角く描いて。その東の角から西の角までの対角線を引いてみましょう。その線上に家屋を建てると、真南に向きます。そこで最大の太陽を浴びるサンルームができます。

そうするとそのサンルームは、朝いちばんのエネルギに満ち満ちた陽から、日中の照度の高い、明るい陽ざしは存分に浴びますが、しかし西陽は入り込まないことがわかると思います。庇《ひさし》を特に長くし、夏の高い陽を防ぎ、冬の低い陽をサンルームの奥まで引き込みます。つまり、最高の蓄熱効果と、最高の断熱効果を、双方ともに得ることができる、今から六十年も前に母が発明したエコハウス造りなのです。そして檜材というのはその蓄熱・断熱の効果を最大限に引き出し、保つのに、これもまた最高の素材なのです。これをふんだんに使い、柱の数を異常に多くして耐震構造としたのです。

しかも東と西を結ぶ対角線ということには、風の通る道筋、通気性も計算されているのです。風薫る季節や中秋の頃など、爽やかさを運ぶ風は、真南、真北から吹くことはまずありません。東西南北の九〇度角よりも少しずつ角度の傾いた方角で、風は吹き抜けます。その角度に合わせるようにして建っているこの家は、春秋はもちろん、長い庇によって、夏でも涼しい風が家の南から北へ吹き抜け、熱気や湿気を吐き出します。こうして深呼吸をしながら、家は活発に新陳代謝をするのです。反面、真冬の北風は、この角度の家には真っ向うから当たることもなく、冷たい風が家の中に忍び入ることも防げるのです。

通気性と蓄熱、断熱に優れた家は、家の中を常に健全に快適に保ち、だからこそ家も長生きができるのです。そうしてもちろん、そこに住む私たちも――。

太陽の恵み、風の爽やかさ、広い庭の緑。都会の郊外で得ることのできる自然環境、その恩恵の限りを、余さず享受できる生活。

それらをすべて計算に入れて設計したのも、母がこうした自然科学の知識が豊富で、しかもその知識を実践に活かす術を知っていたからにほかなりません。

さらに母が家に対してこだわったことは、「機能」の面だけではありません。

母は、自らの画家の才、美的センスで、この家にさらなる品格を与えました。

当時出入りの大工の棟梁の「デブ」――体格から、母はいつもこう呼んでいたので、私もついぞ本名を知ることはなかったのですが――は、これがまた腕利きの大工でした。母のこだわりのリクエストにも充分にこたえ、柱、桟、筧《かけひ》、鴨居に至るまで、左甚五郎を彷彿とさせる技術をもって、凝りに凝った彫りを施し、それは芸術品といってもいいようなものでした。その最たるものが、家の玄関扉。どっしりとした風格に、精巧な直線が描かれた彫り、博物館に展示しても見劣りしない風格を誇るものでした。

そして家の外観スタイルは、洋風を取り入れた「最新モダン和風」という新しい家のデザインとして、賞も受賞した優れた美しい仕様で、瓦も特別に焼かせた高級なものでした。

発明できる人が育った家

このように、科学的にも美的センスの点でも非の打ちどころのない家のつくりに加え、家屋内の設計には、母の魂が込められていました。母は、自らの教育方針を具現する家をコーディネートしたのです。

それは言うまでもなく、愛する一人息子のためです。その私のための部屋を、母がどのようにつくったのでしょうか。

普通、子供の部屋といえば、いわゆる「子供部屋」といって、一つの部屋の中に本棚や机があって、そこにベッドかあるいは布団をしまう押し入れがあり、あとは玩具や運動着などを収納する戸棚などがあって……、というのが定番でしょう。

ところが母は、私だけのために、三つの部屋を別々につくったのです。

まず、勉強部屋。ここは家の中でも最も日当たりがよく、しかも快適な湿度・温度を保ちやすい、ベストの場所に設けました。

そしてこの、机や本棚の置かれた勉強部屋とは別に、ベッドルームをしつらえました。こちらは、周囲の騒音の入ってこない、静かで安眠を守るに最良の場所に。

欧米の家では、生活の部屋とベッドルームは別々にというのは当たり前なのですが、日本の家屋で、しかも戦前の当時、勉強部屋と寝室を分けるという発想自体が、普通では思い及ばないところなのですが、

母は、

「勉強するときはそれにベストの環境で、徹底的に勉強する。眠るときは、やはりそれにベストの状態で、徹底的に眠る」

それを、子供の知育には絶対にして不可欠のことだとして、最優先したのです。

「優秀な子供に育てるには、金肥を十分にほどこさなければなりません」

なんといっても、これが母の教育方針なのです。

集中力を高めて勉強ができる最高の環境の部屋に、安眠を約束する天国のような寝室。私一人でこうした部屋を独占する。

これだけでもかなりの贅沢さなのですが、さらにもうひとつ。

「技工室」。工作専用の部屋が、私のために与えられました。

この部屋では、カンナ屑をまき散らそうが、ペンキや絵の具が壁に飛び散ろうが、

「思いっきり、おやりなさい」

まったくお構いなしの、無法地帯。普通の親なら、勉強部屋を汚しちゃいけないとか、後から掃除するのは大変だとか、叱るでしょう。しかし母は、勉強部屋と技工室を分けることによって、この部屋では、部屋を汚すな、掃除が大変だなどと叱られるんじゃないかという気兼ねも心配もなく、やりたい放題にさせたのです。だから一心に、私は自分の好きな工作に打ち込むことができたのです。

絵を描いたり、模型づくりをしたり、機械いじりをしたり……と。

後に私が発明をするために、研究所や工場の中で設計をしたり、試作品をつくったり、実験をしたり……と、もちろんやっていることの規模の大きさは異なるものの、そういったことに身体の中から喜びがほとばしるような感覚を覚えながら、工作に集中できる。私のその原点は、この「技工室」にあったといえるでしょう。

この工作室を「技工室」と名付けたのも母でした。母は、その父が産婦人科も内科も、さらには歯科もこなす万能の医者であったので、歯科が使う技工士という言葉から「技工室」と名付けたのです。

「我こそは〝武田信玄〟なり」

私の少年期から青年期の生活の舞台となり、またその成長を見守り続けてきた、母のつくった家。私が初めてこの家を長らく留守にすることになったのが、海軍機関学校在学の間でした。その私の留守中、東京がＢ－29爆撃機による激しい空襲の脅威に曝《さら》された日、この家の庭に、武将・武田信玄があらわれ、この家を戦禍から救ったのです。

時は、昭和二十年五月二十五日。

「東京大空襲」といえば、同年三月十日の、東京の城東地区、浅草、本所、深川地区（今の墨田区、江東区）が焦土と化し、十万人が犠牲となった空襲のことを指していうことが多いのですが、実は東京大空襲と呼ぶべき空襲は、この三月十日だけではないのです。

翌月四月十三日から十四日にかけての城東・城北地区、十五日の城南地区の空襲の被害も甚大で、さらに五月二十四日には都内・都下全域にわたる攻撃が行われ、翌二十五日には、Ｂ－29爆撃機四七〇機による空前の大規模な空襲が、今度は、それまで被害を受けていなかった山の手一帯を中心に繰り広げられたのでした。

このときは、現在の渋谷区や世田谷区、中野区、そして多摩地区の立川、八王子などにも被害は及び、三月の大空襲以来この時までに、東京の五〇パーセントが焼き尽くされてしまったのです。

世田谷の家も、その集中攻撃の標的エリアの中にありました。実際、この夜に両隣の家は全焼、あたり一面焼け野原の中、無事だったのは我が家だけでした。

我が家を救ったのは、武田信玄。

B-29の落とす焼夷弾、クラスター爆弾は、落下するとそこから何十発もの小弾が四方八方に飛び散り、容赦なく、家屋、屋根、軒先に火をつけ、そうするとその熱気で隣の軒先に火が移り、焼夷弾が直撃しなくても次々と類焼するのです。

信玄は、家の広い庭に陣地を敷きました。かつては芝の生い茂る緑美しい家の庭も、当時は戦時中の食糧不足を補うため、父が丹精こめて耕しつくった芋畑になっていました。

その芋畑のど真ん中に桟敷《さじき》を据え、そこにどんと座り、火ばた箒《ほうき》を手に信玄は、焼夷弾を受け次々に火を吹き始めた方向に素早く火ばた箒をあげて、

「それー、そこゆけー」

「それー、あそこゆけー」

気勢をあげ、私の父や、町会長さんをはじめ、近所の男連中どもを束ね、我が家はもちろん、近隣一帯の家々の消火活動の陣頭で総指揮を執っていたのです。

ちなみに、なのですが、当時我が家の隣には、明治維新の元勲・山縣有朋公爵の孫にあたる方が住んでおられ、この消火活動にもお誘い申し上げたのですが、やんぬるかな、

「けふは気分もすぐれませず……」

と、奥方がご辞退あそばしたという話です。その山懸公のお孫さん宅は、あはれ焼夷弾の火に包まれ、この晩焼失してしまったのですが、幸い家人は無事だったそうです。

獅子奮迅の信玄の指揮のもと、町人兵卒たちはあちこち走り回っては決死の消火活動を行いますが、火の回りの勢いもますます速く、強くなっていきます。

ぼわっ！

音を立てて、我が家の軒下に火がつきました。

信玄は自ら「それー」と勇んで桟敷から立ち上がり、火のついた軒先の指揮の陣頭に立ちました。その瞬間――。

ど、どーん。

轟音鳴り響き、信玄振り向けば、そこには一瞬前まで座っていた桟敷がもうもうと炎をあげ燃え盛っています。

間一髪――。

信玄の座っていた桟敷に、信玄が座を離れたまさにその瞬間に、焼夷弾が命中したのでした。

「我こそは〝武田信玄〟なり」

いうまでもなく「我こそ」は、私の母です。

この家の軒下に火がついたことで、母は自分の命を救われたということになりますが、必死の作業で軒下の火を消し止め、母はその家を見事に護りきったのです。

私が海軍から復員した後に、母は、

「あなたもお国のため海軍で大変だったでしょうが、私も銃後を護る者として、川中島の信玄でしたよ」

と大笑いしながら、信玄物語を語ってくれました。

家に護られ、家を護った信玄の武勇伝は、後世まで語り継がれることでしょう。

母の家は永遠に

The Everlasting Life of My mother's House

お母様。
お母様の建てた
すべてが理想に溢れたその家で、
私は育まれ、
愛され、
成長していきました。
私はやがて、
世界の大海原へ
帆をあげ、出発《たびだ》ちました。
どんなに激しい嵐に遭おうとも、
津波に巻き込まれそうになっても、

私の船は帆をおろすことなく、
営々と海を渡り続けました。
それは、
いつか帰る港があればこそ、
そこに安らぐ日が必ずや訪れるからこそ、
私は旅を続けることができたのです。

お母様。
何十年、何百年、
いいえ、何万年の時を経ても、
私には必ず帰る港があるのです。
それは、お母様、
お母様が
そこに居るからです。
そこにお母様が居る限り、

私はそこに帰ります。

お母様。
お母様の建てた家。
その地に私が発明した新しい家を建てますが、
お母様の家の魂は
そこに在り続けます。
お母様の建てた家は、
永遠に生き続けるのです。

母の建てた家は、健やかに長くこの地に生きてきました。

七十年以上の時を、刻んできました。

品格あるその家は、近所の名所でもありました。

私がすくすくと成長していく礎となり、幸福な生活と私の発明の舞台となり、激しい戦禍も母の必死の護りでくぐり抜け、その後社会に出た私には、何よりの安らぎの場所であった家。

永い永い間、住まう人を見守り続け、至福の象徴としてそこに在り、人と歴史の時を刻み続けた、母のつくった家。

母が家を建ててから、約五十年後。

九十五歳になった時に母は、私のマンションで暮らすことを決め、その家を後にしました。

しかし、私は、再び母とここに住まうために、私自らが設計を手掛け、三百の発明を盛り込んだ新しい家の計画を進めました。

長寿の主が、安らいで快適に過ごせる家。何の不自由もなく、楽に日常生活を営める家。

私は、そうした世界のどこにもない家を発明し、その設計に取りかかりました。

母が寝たままでも入浴できるよう、ベッドからレールを付けて風呂の湯船と洗い場へ。

階上と階下を、上り下りする必要のない二百坪のワンフロア。車椅子でも自由に行き来できるように、大きなスペースとドア、そして行く先々に自動ライトも備え付けます。

もちろん、母がいつでも自分の好きな「絵」を描けるように、四季折々の自然のうつろい、行き交う人々も一望できる、三十六メートルの世界最大のガラスを、南側に柱なしで張り巡らせた、展望台のような百五十畳のリビング。

すべて母の心地よい生活を最優先にした仕様の家具、調度品をしつらえた家。

その計画の実行のためには、母の建てた家を取り壊さなければなりません。

当然のことながら、自分の設計した家を壊されるのは抵抗があると思いましたし、私にも名残り惜しさがありましたが、母の大きな心は息子の願いをよくきいてくれました。しかし、その家を私は、母の了解を得てはいても、やはりなかなか壊す気にはなれなかったのです。

私は設計にかかったのですが、しかし、母に完成したドクター中松ハウスを贈ることは、結局のところ、できませんでした。

設計に取りかかってから五年後、その計画は、意味を失ってしまったからです。

母が住まうことがなければ、その家はただ虚しいだけです。母のために私が発明してしつらえた最新鋭の設備も、空虚なものに化してしまいます。

それ以上に、母のいない家は、家そのものが成り立ちません。

そうして私は設計を、ゼロからやり直しました。そして設計に十年、現場監督を私が自らやって、建設二年半の時をかけて完成した建物、それが今の、建坪千四百坪のドクター中松ハウスです。

それで、玄関をはじめ、各部屋のドア、階段、手すりに施した装飾、欄干や細やかな彫り物、大きな梁、屋根瓦などすべて母自慢のものは解体時にも壊さず保存し、これらを新しい家に移設して、母の名残りのものとしたのです。

そのドクター中松ハウスを建設するにあたって迎えた、母が建てた家の最後の日。この日に、ちょっとびっくりすることが起こりました。

木造家屋の取り壊しというのは普通はあっけないものですが、さすが母がどんな大地震が起きても大丈夫といって建てた家は、たくさんの柱が林立していて、ユンボとパワーショベルが一撃、二撃しても、崩れないのです。

ど、どーん、ど、どーん……。

やっとのことで解体作業を終え、あたり一面土埃《つちぼこり》が舞い、視界が閉ざされた中で、一瞬、何かが落ちてきました。

もやもやと煙のような土埃が次第に薄れて、ようやく目にも瓦礫《がれき》の残骸が見えるようになってきました。そのとき、

「に、日本刀、ですか？　これ……」

工事の人の驚いた声に、駆け寄ってみると——。

間違いなく、日本刀です。そうして、見覚えがあります。母が昔、何十本もの刀が入ったたくさんの箪笥から、虫干しのように、一本一本取り出して並べて磨いていた、直参旗本の刀。そのうちの一刀です。

「……ああ、あのデブが、母の護り刀として屋根裏に置いたのか」

武家の家では、新しい家を建てると必ず、「護り刀」といって、刀を一本、屋根裏に忍ばせる風習がある

のです。

母がこの家を建てたときに、土台づくりから棟上げ、建築まですべてを取り仕切っていた、出入りの大工の棟梁――、母が「デブ」とあだ名を付けていた棟梁です。その棟梁が、一級の腕で芸術品のような玄関扉や桟や鴨居をこしらえた、身体に似合わぬデリケートさで、「護り刀を一本ここに」と母から預かり、置いたのです。

母の創った家の姿の最後を見送る寂しさと共に、その懐かしい想い出が、私の心に映像のように浮かび上がり、母とデブの会話が聞こえてきたのでした。

そうして私は、新しい建物内の部屋のあちらこちらに、デブの左甚五郎はだしの芸術的な桟や鴨居や筧を、そのまま使用しました。

母の名残りとして残した瓦や主な梁は、建物内の随所に取り付けました。先祖伝来の仏壇、神棚、刀箪笥も洗い磨き直され、私の寝室に鎮座しています。

玄関扉は、ドクター中松ハウスの玄関として、同じ場所に遺しました。

母の先見の明で購入した角地の一辺の道はドクター中松アベニュー、もう一辺の道はドクター中松ストリート、これらの交差点はドクター中松スクエアとして今や東京のランドマークとなっています。そこには母の植えた大木が今では巨木となり、ＬＥＤの光りを浴びて、夜もきらきらと光っています。

この母の扉は、永遠に、保存されたのです。

自宅、研究所、コロシアムと名付けた集会所、二十九のゲストハウス、ライブラリのある建物の、その玄関扉のある一角は、かつて母がつくった美しい安らぎの家そのままの品格ある佇まいを漂わせています。

そうして今でも母は、百五十畳のリビングの上のほうにいて、団欒《だんらん》する家族の主として、慈愛に満ちた笑顔を見せているのです。

「ただいま」

——母より——

「お母様、ただいま」
大きな声をあげて、
玄関から入ってくるあなた。
その声がきこえると、
家中の灯りがぽっとともるように、
私の心も明るくともったものでした。
(それにしても、あなたが復員してきたときは、
ごめんなさいね。
ちっともあなただとは、気づかなくて……)

それからほんとうにあなたは、
大きく、大きくなって、

巣立っていきましたが、
何かあるたび、
あなたの心がここに帰ってきていることを、
私は知っていましたよ。
なんといってもこの私の家は、
あなたの家でもあったのですからね。

でも今、
ここに
「ただいま」
と帰ってくるのは、
この私のほうですね。
そうして帰ってくる私を、
あなたはいつも
微笑んで迎えてくれるのですよね。

私がかつて、
帰ってきたあなたを、
いっぱいの笑顔で迎えたように、
あなたも今、
私を喜びと優しさに満ち溢れた目で
迎えてくれています。
有難う、
義郎さん。
そして、今日も、
「ただいま」

第3章

息子の結婚

When her son determined on his marriage partner

結婚式では、
二人の誓いの言葉を、
ナカビゾンでナカペーパーに録音、
そのナカペーパーは額縁に入れて、
永久保存してあります。

結婚競奏曲

「発明する人」は傘の下の孤独な人か

「『発明する人』というものは、天涯孤独」

そんなふうに見ている人もいるようです。私自身も、実際よくきかれるのです。

「ドクター、あなたは独身ですか」

――なんでこんなことをきくのだろうか。しかも初対面の人間に向かって、「独身ですか」もないだろう……。それとも何でしょう、そう問うてきたのが例えば女性の方なら、もし私が独身なら、見かけもよいし、お金もありそうなので結婚したいとでも思っているのでしょうか。だとしたら、ご期待に添えず申し訳ありません、としか言いようがありません。

「発明する人」というと、何かと奇人変人、クレージィなヤツ、という思い込みをされてしまう。そういう類いの人間には寄りつく女性などもいないだろう、当然結婚して家族がいるなどということは想像だにできない、というところなのでしょうか。ここからドクター・中松独身説なるものも生まれてきてしまうのでしょう。

先般私は「傘寿」を迎えました。めでたい八十の歳は傘寿。傘のその字には、屋根の下にたくさんの人々が寄り添う様子が見えます。その字の通り、私の傘寿パーティには、ほんとうに数えきれないほどの方々が祝杯をあげに集ってくださいました。しかしここで、もし私が独身であれば、大勢の人々に囲まれたその宴の終わった後には、私は傘の下、ひっそりと、ただ独り佇《たたず》み、もの寂しさに耽っていたかもしれません。

しかし、あにはからんや、私は常識人です。世の中では私を発明家といっていますが、発明していることは事実にしろ、それだけでひとりの人間性が決められてしまうのは、些か偏り過ぎ、片面的過ぎやしないでしょうか。

私は通常の常識を持った人間なのです。妻が一人に、子どもが三人。一家の家長であり、夫であり、父なのです。記念すべき年を迎え、そして大勢の方々の祝福を受けることの幸せを、共に分かち合い歓び合える家族がいるのです。

そしてもうひとつ言わせて頂けるのなら、寄りつく女性などいないどころか、自分で言うのもなんなのですが、若い頃、独身の頃は、ナカマツが歩けば棒にあたる……いや失礼、女性にあたる、というほど、大変なモテ方だったのです！

中松家が直参旗本であった時代であれば、ことは簡単。正室を一人娶《めと》り、その他大勢の側室でよかったかもしれませんが、現在の日本の民法では一夫一婦制。たった一人の伴侶が最終的に決まるまでには、様々な紆余曲折を経なければならなかったのです。

ここでこれから私の結婚までの紆余曲折を綴るのは、女性など寄りつかなかっただろうと思われ続けるのも悔しいので、ということではありません。

その紆余曲折の末に、私自身、人の一生の中には、何か人間の力では及ばない力が働いてことが導かれることがあるということを、知ったからです。それを「運命の力」というべきかどうか、あるいはどう考えたらよいのかもわからないのですが、何か大きな力、科学的とはいえない力が働き、それに動かされることを、身をもって経験したのです。

そうして、そういう力よりも、もっと大きなもの、そのあまりの偉大さを、あらためて知ることになったからです。

結婚競奏曲

前奏曲

原宿と千駄ヶ谷の中間あたり、その高台にあった家から、坂を下ったところにあった、キリスト教会の幼稚園。私が母のすすめでそこに通うようになってから間もなくの頃、一人の新任の先生が現れました。今どきの幼稚園では、園児のお母さんたちと同年配か、あるいはもっと若い先生も多いように思いますが、当時幼稚園の先生といえば、まあもちろん皆さん「健康的」な女性なのですが、若くてぴちぴち……とはほど遠いのが常でした。そこへもってきて、今度来た先生というのが青山学院を卒業したばかりの、しかも戦前当時には珍しく近代的で、スマートで、それこそぴちぴちの魅力にあふれた、若い先生だったのです。

私はすっかりこの先生が気に入ってしまいました。この先生と毎日遊ぶのが楽しみで、坂の上の家から一目散に坂を駆け下り、幼稚園に向かい、そうしていちばんにこの先生の姿を探します。

先生を見つけると私はいつも、両手を差し出します。そうするとその先生は、自分の両手でその私の手を握ってくれるのです。そこで私は自分の脚を先生の脚にかけ、お腹まで一気に駆け上がって、先生に抱きつくのです。

これが毎日の日課でした。しかも先生がそんなことを許してくれたのは、この私だけ。私と先生だけの、専売特許のお遊びだったのです。こうして愛着募り、ついには私は心に決めたのです。

「この先生を、将来ボクのお嫁さんにしよう」

しかし運命とはむごいもの。

ほんの数箇月で、この先生は幼稚園を辞めてしまったのです。今でいう寿退職で、やはり若くてぴちぴちでは、結婚してしまうのも早いのです。

悲しくも私の初恋は、泡と消え去っていったのでした。

御近所の評判の美人

それから時は、終戦直後の頃まで一気に下ります。

私は父のすすめで、クリスチャン・サイエンスの教会に日曜日ごとに礼拝に行きましたが、この青年部にあたるユースフォーラムで新聞を発行することになりました。私は世界へのかけ橋を創るとの意味で「ブリッヂ・ビルダー」と命名し、編集長になります。この教会は後にライシャワー夫人となったハルさん(私の少年時代からの英語の先生)など旧華族がスタートした西町スクールを立ち上げた国際人の集まりでした。

このユースフォーラムは、男女の構成員から成っているのですが、女性は活発な人が多く、私に熱心に近づいてくる人もいました。また、偶然、後に私が三井物産に入ったときの上司であった部長の親類がいて、その部長が旧華族の令嬢を私に薦めたのですが、いずれも御縁が実ることはありませんでした。

ところで当時私は、秋葉原で中古の電気メータを手に入れ、それを改造して、戦後第一号の発明品として自転車用のスピードメータをつくり、それをとりつけた自転車で近所を走り回っていたのですが、私たちの住む世田谷の下馬の町会長が、そんな私を見かけるたび、その自転車に興味を示し、褒めちぎったり、また何かと私に話しかけてくるようになっていました。

この町会長さんというのが、母が例の「武田信玄」となって近隣一帯の防災軍の指揮をして大活躍したときに、そのアシスタントとしてこれまた大活躍をした人なのですが、そんな聡明にして勇敢な母のことをすっかり気に入ってしまい、「あのお母さんの息子さんなら、このワタシの娘を是非にでもさしあげたい」と秘かな思惑を抱いていたらしいのです。

町会長さんの「本職」は、某老舗の製菓会社の社長。もの造りが大好きで、手先も器用、趣味の模型ボート造りに励んでいて、私を誘っては、その自作品を並べた物置に連れて行き、「これはランナバウト型だ」などと自分のボートの自慢話をするのです。

我が家から三軒ほどの御近所の町会長とは、そんなこともあり、家族ぐるみの親しいお付き合いをするようになっていたのですが、その娘も、ここらではなかなか評判の、群を抜くほどの美人でした。町会長は、私をその自慢の娘の結婚相手と想定して、さかんにアプローチをしていたというわけです。もしこの後に何事も起こらなければ、案外ここですんなり、私の結婚も決まっていたかもしれないのですが、突然この町会長が亡くなってしまったのです。そして、その娘は他の男からのアプローチで結婚したと、この娘自身からあとで聞きました。

何はともあれ、この話はここで断ち切れとなってしまいます。

ある出逢い

それから数年後。私は東大生となっていましたが、帝国ホテルで行われた出版社のパーティによばれて出掛けていったときのこと。その出版社は戦後、飛ぶ鳥も落とす勢いで成功を成し遂げた会社だったのですが、その出版社社長令嬢が、この私のことを一目惚れでいたく気に入って、言葉は悪いですが、完全にのぼせ上がってしまった様子なのです。

そんな彼女は、私が会長を務めていた東大ダンス研究会の事務局にしょっちゅう顔を出しては、こちらが頼みもしないのに、夜遅くまでボランティアで何かと手伝いをするようになりました。周りの連中も「あの娘《こ》は、中松さんにゾッコンホの字だからね」と、公認のホの字、つまり、娘さんのほうの公認の片想いだったというのがほんとうのところです。もっとも彼女は、片想いであることをきちんと認識していなかった節はありますが。

東大ダンス研究会には実に大勢の学生が参加していました。中には後に最高裁判事になった法学部学生や、松下の社長になった経済学部の学生などの顔も見えました。このダンスというものの性質上、始終私は女性と触れ合うことになります。戦後、東大にも女子学生が入試できるようになったのですが、工学部に一人、理学部にも一人しかいませんでしたから、東京女子大など外部の女子大から、これまたたくさんの女子大生が集まってきました。

当時ダンス研究会は、四谷の練習所と、本郷東大構内の、私たちが「二食」と呼んでいた第二食堂でダンスパーティを行っていました。このダンスパーティでは、花盛りの女子大生相手に、つめ襟の東大生が大真面目に「クイック・クイック・スロー」とつぶやきながらステップを踏んだものです。

なんといっても、私のダンスの名手ぶりは、母の仕舞譲り、そして母が、幼少の頃にそういうことまで私に学ばせた、その教育の成果でもあるのです。私のダンスの相手になりたいという女性は、ひきもきらず、だったのです。

そんな私の目の前に、ある日、二人の姉妹が現れました。

それは四谷でのダンス練習会。中野から来たこの姉妹のうち、お姉さんのほうが、さかんに私と踊りたがるので、私も一曲、お相手願ったのですが(ダンスは常に、男性側から女性に「申し込む」のが礼儀)、ダンスの曲が終わっても、このお姉さんはずっと私の服の袖をつかんだまま、離そうとはしません。妹さんは非常におとなしい女性でしたが、このお姉さんはまた非常に積極的というのか、熱心さを隠そうともしない女性でした。

それから間もなく、新しい年を迎え、我が家で新年恒例のかるた会が行われました。

そのかるた会には、例の成功した某出版社の令嬢も、もちろん参加していました。令嬢は、「私の家は金持ちで、服もたくさん持っているので、買って頂く必要もないし、とにかく金銭面の面倒はかけなくてすみます。私はイビキもかきませんので、安眠できますよ」と、さかんに自分を売り込みます。

そのしゃべりまくる金ピカの令嬢の横には、先日四谷の練習場に、お姉さんに連れられて来ていた妹のほうが、姉の代理として、スーッと姿勢を正して座っていました。こちらのほうは、おとなしく、静かで、控えめな様子。臨席の令嬢とはあまりにも対照的だったのが、かえって印象的でした。

東大時代といえば、こういうこともありました。

私の通学経路は、まず最寄り駅の、東急東横線「学芸大学駅」。ここは例の青山師範学校の移転誘致のために、かつての碑文谷駅から青山師範駅となったのですが、その後さらに青山師範の名称が第一師範に変わったことから、駅名も「第一師範駅」となり、そこからまたさらに新学制の学芸大学となった一九五二年以降は「学芸大学駅」。実はその後、六〇年代に学芸大学が今度は小金井市に移転してしまったのですが、駅名だけは「学芸大学」のまま残され、今に至っているのです。この駅も、紆余曲折の変遷を辿ってきたというわけです。

そんなことはともかくも、私はこの学芸大学駅から東横線に乗って渋谷に出て、そこから省電山手線に乗り継ぎ代々木駅まで、そこからまた中央線に乗って御茶ノ水駅で降りて本郷の大学まで通う、という毎日でした。

さて、この東横線で私の乗る車両には、いつも同じ女性が乗り合わせ、しかも私の降りる御茶ノ水駅までずっと一緒に移動していることに気づきました。その女性の面長で、理知的な美しい眼差しの容貌に、私はどこか親近感を覚えていたのですが、その女性も私の存在に気づいたようで、ある日、いつもと同じように同じ車両で隣同士に座った彼女が、私に話しかけてきました。

そうして話をしているうちに、この女性は、我が家の近くに住んでいることがわかったのです。

また、彼女は女高師、東京女子高等師範学校を卒業した後、見事東大の理学部に入学、化学学科で学んでいて「将来は、キュリー夫人を目指しているんです」という夢を持った、知性溢れる女性でした。

いろいろ話がはずみ、彼女は、東横線・学芸大学の手前の祐天寺に住んでいて、「家に寄りませんか」というので、東大の卒業式の帰りに寄りました。彼女のお父様はハンサムで頭の良さそうな海軍少将――その遺影が飾られていました。

次には、私のほうが彼女を家に連れてきました。すると母は、びっくりして、

「あらあ、まあ、私とまったく同じ人があらわれましたね」

面長の美人。私が親近感を覚えるはずです。母によく似たその人はしかも、母と同じ女高師卒。母は、驚いてもいましたが、また喜んでいるようでもありました。

その後、その彼女のお母様も我が家を訪れ、私のことを非常に気に入ってくださったようなのです。戦死されたお父様は、授勲された海軍少将だったということですから、このお父様の優秀さを娘は受け継いだのでしょう。

今思えば、本人も魅力的ですし、母も気に入ってくれている。将来的なことを考えるにあたっては、そこそこの条件は揃っていたのでしたが、結局、その後進展はないままに、私も大学を卒業して三井物産に入り、朝の電車の経路も変わり、私がその女性と電車で乗り合わせることも、なくなっていました。

文壇の才媛たち

東京大学を卒業して、三井物産に入社してほどなく、私が東大二年生の時にフロッピーディスクを発明したことが、証券メッカの兜町でも俄然注目されることになります。三井物産の株が一日で十四円も高

騰するという一大事件が起こり、日経新聞の株式欄にも登場しました。そのようなことで、三井物産の役員が私の帰りしなにコートをかけに来るなどの気の遣いよう、私自身の株も上昇気流にのり、一躍「時の人」となります。

その頃、雑誌『週刊新潮』が、『週刊朝日』や当時の『サンデー毎日』など新聞社系の既存の週刊誌に対抗して、これまでにない斬新なスタイル、編集方針の週刊誌として創刊されました。『週刊新潮』がその目玉として組んでいた六頁の特集記事、これはその折々の話題の人物をクローズアップする、草柳大蔵氏の主筆による特集記事で、日本中が注目した頁でした。創刊第二号のその特集に、私が登場することになったのです。タイトルは、『発明二〇〇〇件の頭脳／給料六七〇〇〇円のサラリーマンが、物産株を一日で十四円高に！』。

当時私はちょうど「ナカマスコープ」なる横長画面映画の映画システムの発明に取り組んでいた最中でした。当時の松竹専務、それに専務のアシスタントの高橋課長が三井物産に電話してきて会食に誘われました。その新しい発明による映画第一号には、当時文壇デビューをしたばかりの作家・曾野綾子さんの『春の飛行』という小説を映画化しようということで、企画を練っていたのですが、そういうこともこの特集記事の中で取り上げられたのでした。

その記事を目にした曾野綾子さんご本人が、突然、下馬の我が家に訪れて来ました。

「実は私、中松さんの後輩なのです。ですので、どうぞよろしくお願い致します」

曾野綾子さんは、青山師範附属小のご出身だったのです。

で、この「よろしくお願いします」の意味は、ひとつはいうまでもなく、今の映画化の話を是非実現させてください、の意なのですが、実はこの件のほかにもうひとつ。それは、ご自分の同年代の作家仲間で懇意にしている人に、とても「いい人」がいるので、その方をよろしく、次回連れて参りますので——と、つまり、私のお嫁さんに是非、という話を持ってこられたのです。

実際、曾野さんはその方を連れて、再び我が家を訪れました。

その、曾野さんが連れていらした方にお名前をうかがうと、本人自ら、

「有吉佐和子と申します」

とおっしゃる。「ありよし、さんですね……」と私には、聞き覚えがある姓でした。横浜正金に勤めていた父の同僚に、同じ有吉さんという姓をもつ方がいるのを、よく耳にしていたのです。そこでよくよく聞けば、まさにその父の同僚の有吉さんの娘さんだったというわけです。

文壇の才媛と共に呼ばれた曾野さんイチオシの、有吉佐和子さんでしたが、発明には無関心ということで、当の本人同士は御縁には進みませんでした。

物産時代のアブナい話

世間で有名になればなるほど、三井物産での私の処遇もアップしていきました。「中松室」をつくり、仕事は好きにやれ、費用、経費はリミットなく出すと——。そうして夕方仕事を終えて会社を出ようとする私に、役員自らコートを掛けてくれるのです。

しかし何より私が自分でも驚いてしまったのが、女性たちのフィーバーぶりでした。社屋の玄関に出ると、そこには一目私を見ようとする女性たちが、玄関の左右の壁際に群がっているのです。私が残業をする日には、仕事もないのに女性社員が無理に残業をしたり、お昼休み、私が昼食をとっていると、用もないのに私のデスクの周りを、腰を振りながら、これでもか、これでもかと往ったり来たりする女性社員もいました。女性のみならず、男性社員からは「うちの妹と一度会ってほしい」というような話もよくもちかけられました。

そういう社内のフィーバーをかいくぐり、ようやく社外に出てほっとすると、一難去ってまた一難、そこには例の出版社の令嬢が車で待ち伏せしているのです。そして、

「今度、車を買い替えますの。何色がよろしいかしら?」

これはますます本気だ……。

そういえばこの物産時代には、ちょっと「アブナい仕掛け」などもありました。

入社したての頃に配属された部署では、酒好きの課長にそして女好きの部長らヘッドが率先して、部員総勢二十名引き連れて、しばしば「新人社員研修会」が行われたのですが、ヘッドがこういう人たちなら、その研修場所も、そういうところなわけです。

銀座、新橋、赤坂……。

中でも部長が御ひいきだったのが、赤坂の「粋な黒塀」。有名な高級料亭の女将と懇意にしていた部長は、実はこの女将にぞっこんだったようです。この女将というのがまた艶な女性で、総勢二十余名の研修会

参加者の中から一名だけ、「泊まりがけ」で、女将と一対一で夜通しあの御指南を受ける者を指名する、ということになりました。

部長は、戦前の某首相の御曹司でハンサム。そしてダグラスの代理店の三井物産ロサンゼルス駐在員代表も務めていたことのあるエリートなものですから、その分、自負もあったのでしょう。この女将のご指名には必ずや自分が……と秘かに思っていたようなのですが、この女将の視線は部長をかすりもせず、やおらこの私のほうを向いて、そうして「部長、このハンサムなヤングマンを毎晩私の家に泊めていいでしょう?」

いや、まいりました。みんなの手前、それはちょっと、困ります。

それに私には、母の戒律、母との暗黙のルールがあるのです……。

このときは機転をきかして、「アノー、今日はごかんべんを」と謝って、私もアブナい橋をなんとか渡らずにすみました。

同僚からは、

「君はなぜにそんなにモテてるんだ、羨ましいものだな。しかし君も、もったいないことをしたな」

と羨望の眼差しを向けられましたが、こちらにしてみれば、母の「ルール」を守る以上は、女性にモテても、「実益」があるわけでもなし、むしろ、困惑の種にしかならないのです。

なかには、今のような番外的な話もありますが、その後も、出入りの新聞社の記者から、「同僚の友人にいい嫁さん候補がいるぞ」と。父親が一部上場会社の社長をしていて、一人娘なので工場も会社も全部あげるという条件で、そして本人は東京女子大を出てイリノイ工科大学に留学した秀才の女性記者を連れて来られたり、まあ、こういう類いはまだよしとして、唐突に二〇〇〇万円の株券と五万ドルを提供するからうちの子になってください、というわけのわからないプロポーズを受けたり……。とこのように、やたら周りは喧《かまびす》しく、私に結婚話を迫ってくるのです。

しかし周りが白熱すればするほど、かえって私のほうは冷静な目になっていき、結果、ことはなかなか決まらない、という状態になっていきます。

そうした膠着《こうちゃく》状態とでもいうような、前進も後退もない状態が、三井物産を辞した後もしばらく続きます。

独立独歩の私に

二十九歳のときに、私は「このようなチヤホヤされた楽な道をいくのではなく、ここからは自分の足で立って歩いていこう」という決意で、三井物産から、独立をしました。

その最終的な決断を下す前に、私と一緒に東大工学部の学生幹事をしていた友人から突然電話が入り、叔父と会ってくれというのです。その人が連れて来た元海軍少佐が、高額の給料を示し、引っこ抜こうと煽《あお》るのです。

この人は、某電気メーカー社長の部下で、その社長の命を受けて、私の独立をサポートするかわりに社長の娘を私の嫁さんに、という魂胆が実はあったらしいということが後々わかったのですが、誰の援助も受けずに自分の足で、というのが、私の独立の最大の動機なのです。ですから、ここのところはお門違い。独立にあたって、経験豊かなこの社長さんのアドバイスには、まだ若い私にとっては非常に有難いところも実際多々あったのですが、経済的援助、まして娘は、ノー・サンキューなのでした。

東大時代の同期で、また三井物産時代も同僚で奥さんが私のファンという友人夫妻からも、某著名会社の社長の、学習院大学出で非常に美人の一人娘を「オツムも良く女優並みの美人」として推薦されたことがありました。その娘さんの父親からは、「すぐに今の下馬の隣りの土地を買って、家も建ててあげる」というようなお話もあったのですが、この女性は、確かに素晴らしく美人で金持ちの家の娘とあって何となくお高くとまっているうえ、商人の家ということでは、我が家には合いません。

父は父で、自分が勤める横浜正金の、一高東大出という非常に優秀な同僚から頼まれ、人のいい父は断れなかったのでしょう。この同僚の方がまた、母のことを大変に気に入っていて、その母と父の息子である私に、「うちの娘は頭が良くて気立てがよいので是非会ってくれ」というような話をもってこられたのです。父の勤め先の同僚ということで、一度はお目に掛かったものの、どうにも私はピンと来なかったので、これも丁重にお断りしました。

こうして私の目の前に、様々な女性が現れては消え、消えては現れ、あるいはいろいろなオプションをくっつけられて申し込まれては断り、断ってはまた次なる申し込みが……、という、リピート再生の

ＣＤから延々と「狂想曲」ならぬ「競奏曲――競走する演奏」が流れ続けているような私の結婚譚も、私の三十代も終わろうとした頃、ようやくその終盤が見えてきました。

決断のとき

「その日」が来て

「結婚競奏曲」のフィナーレは、目の前。このあたりでは、私の母や父、それに、叔母なども加わって積極的にお嫁さん選定に関わってくるようになり、最終的な「候補者」が四名に絞られてきたのです。

四名の候補者。以下順は、有力度とは関係がありません。

候補一、「ギョロ目」さん
候補二、「片目」さん
候補三、「寄り目」さん
候補四、「青目」さん

この四人の候補者の「名前」はもちろんみな、私自身の命名《ネーミング》した符号です。

あだ名を付ける名人の母の血を継いで、こういう結婚という重要な局面のその当事者であっても（いや、だからこそかもしれませんが）、そのココロは忘れていません。

そしていよいよ、決断の日がきます。

叔母が世田谷の家に、訪れてきました。

「たぶん今日は、あの話になるのだろう……」

予感がありました。俄に少し、自分の中に緊張が走ります。

「義郎さん、ちょっと……」

呼ばれて、私は、応接間に向かいました。

縁側と部屋を仕切るドアから、微かに陽の差し込む洋風の応接間に、叔母が座っています。

その叔母の横に、母が座っていました。

私の座る場所からは、叔母のかげになって母の姿は見えにくいのですが、私が向いている方向から見ると叔母と重なる格好で、姿勢をまっすぐにして正座をしています。

何か世間話のような話を、「その前」に、二、三したように覚えています。

この部屋に入ってから、そして叔母がしゃべる間にも、母はほとんど言葉を発しません。黙って笑いながら、叔母の話をきいているだけです。いつもは饒舌《じょうぜつ》な母が、このときは何も話さないのです。

そうしてやがて、叔母が身を乗り出し、まっすぐに私のほうを向いて、ゆっくりと口を開きました。

「義郎さん。そろそろ、決めたらどうですか」

叔母のその声で、部屋の空気が、微かに動いたような気がしました。

叔母のかげから、かすかに伺える母の気配を、感じました。

母は叔母の後ろに座っているのですが、しかし、目だけは、こちらに向けているようです。

何も、一言も、言いません。

ぼんやりと白い壁を背にした母の顔は、まるで逆光のファインダーの中にあるようでしたが、母の面長のくっきりした輪郭が、小さく微笑んでいるのがわかりました。そうして目は、じっと一点を――私の目を見つめています。

母は、一言も、何も言わずに、ただ私の反応を見ているのです。

――さあ、義郎さん。どうするの？

無言の母の問い。

四つの目

先の四人の候補者。

その一、「ギョロ目」さん。瞳がまんまるく大きいその女性は、例の「戦後成功した出版社」の社長の一人娘。東大ダンス研究会のボランティアを頼みもしないのに買って出て、正月のかるた会では自分のアピールに余念のなかった、そして物産に勤めていた私を、会社の玄関で車で待ち伏せしていた、あの猪突猛進型の張り切り熱烈女性です。

これは、有難い事だが、もう少し理性的な人をと私は決めていました。

その二、「片目」さん。片方の目がやや細くて、それで両目の大きさが異なって見えることからこの符号をつけたのですが、この女性は母の友人から母に紹介された、東京女子大卒のインテリです。しかし、母が「あの人のヒコページはあなたと釣り合いません」で、オシマイ。

その三、「寄り目」さん。瞳が寄っているという意味の寄り目ではなく、顔のつくりとして、目と目の間隔が短い、つまり目が近く寄っているということからつけた符号です。この女性はそもそも母が、母校お茶の水女子大の教授に、「息子にどなたかいい方はいらっしゃらないかしら」という話をしたことから、この教授より紹介された女性でした。東大の大学院で勉強しているこの女性は、また天がいくつも与えたような女性で、頭脳明晰、面長で鼻が高い美人、その上、背が高く健康的で、バストも美しくスリーサイズも抜群のバランスときて、またスベスベの肌をしています。

その四、「青目」さん。別に青い目の白人さんではありません。「ギョロ目」さん同様、目が大きいのですが、瞳の周りの白目の部分が、空のように真っ青で美しく、目の形が良いのです。

こうした「四つの目ん目ん」……ではなく四人の面々が最終候補として残り、私は選択を迫られていたのです。

先にも言ったとおり、猪突猛進の「ギョロ目」さんや、「片目」さんはパスにしても、あとは……。母と叔母の視線を一身に浴びながら、ここであらためて、私は自分の思考を反芻《はんすう》していました。しかしそれにしても、母はここで、自分が紹介を頼んで、そして連れてきた「寄り目」さんを推すのでもなく、ただただ、黙っているのです。

その目は、じっと私の応えを、ただただ、待っているのです。

業を煮やした叔母が、また口を開きます。

「ねえ、義郎さん。「寄り目」さんにしなさいよ……」

私のほうににじり寄りながら、叔母は言ってきます。

——やっぱり、頭脳も優秀、性格が強く行動的で、見目麗しい美人で、健康的でグラマーな「寄り目」さんがいいだろうか——

私も実は、そう思ったことはあるのです。しかし、その「寄り目」さんがいつだったか、父親に会ってほしいというので、「寄り目」さんと父親と三人で食事したことがあるのですが、どうもそのお父さんと私は、話をしていてもどこかしっくりこないのです。どこが悪いというのではないのですが、うまが合わないというのでしょうか。それで、「寄り目」さんはよいのだが、こんな父が居てはいつかトラブルになるだろうかと感じていたのです。

もちろん。本人同士がよければそれでよいと割り切るという考え方もあるでしょうが、これから家族としてのお付き合いをということになると、妻の父親との関係というものは、非常に重要な関係ですから、そこが難しいところです。本当に、本人は非の打ちどころがないだけに残念なのですが、結婚を決意するにはそんな障害が出てきました。

そんなことがあったとはつゆ知らない叔母は、本人は申し分ないし、母が頼んだ教授の推薦した「寄り目」さんなのだから、これがベスト……という決定なのでしょう。

母は相変わらず黙って、私の顔をうかがっています。

私はその時、「何か不思議な大きな力」に背中を押され、心が決まりました。

「私は、「青目」さんがいいと思います」

母は「一番女らしい人ですね。十六歳の時のお正月に家に遊びに来た時よりずっとたくましくなりましたね」と相槌《あいづち》を打ちました。

母は電光石火の如く

それからの母の行動は、舞鶴まで行って日高少将と会った行動力や、まるで、女高師時代、バスケット部の遊軍のポジションで活躍した母を彷彿とさせるほどのあざやかさでした。

「青目」さんの家には、母はまだ一度も行ったことがなかったのですが、もう翌日か翌々日かには、「青目」さん宅を捜し当てて一人で出掛けていき、ご両親に会って、話をしてきたのです。

「いやあ、君は全くしゃべらないけど、君のお母さんはよくしゃべり、それに、すごい人だねえ」とは後日、私が「青目」さんのご両親にご挨拶にうかがった折に、ここの父親に言われた言葉です。

おそらく母はこのとき、滔々と話したにちがいありません。息子の幼い頃のこと、小学校に入学して大学を卒業するまで常に群を抜いた才能を顕し、そして栴檀《せんだん》は双葉より芳ばしを証《あらわ》すが如くに、社会に出ても数々の成功をおさめ続けている息子なのだと。光に満ちた来し方に、さらに行く末にも栄えあるであろう……などなど、言葉の限りを尽くしてアピールしてきたのでしょう。

息子の結婚という局面で、それまではどうしなさいともこうしなさいとも言わず、何ひとつ干渉することなく、ただ黙って息子の決断を見守っていた母が、ことが決まるや否や、電光石火のごとく、相手の家にすっとんで行き、息子のことをよろしくとばかりに売り込んできたのです。

そうして母は、家に帰るなり私に、

「「青目」さんのお母さんは何でも大きく包み込む人です」

と、何事もなかったように微笑みながら、私に話すのでした。

何かわからない、不思議な大きな力

その母の売り込みが功を奏したのか、縁談は滞りなく進み、私と「青目」(以後、妻となるわけだから、敬称略)は、ホテルオークラで結婚式を挙げます。

一九六七年、一月一日、元旦。

この日は、親類縁者はもちろんのこと、私たちとは無縁の日本中の人々も、日の丸を揚げ、めでたいめでたいと祝いの酒を酌み交わす、この元旦に結婚式を挙げる発想は、私の「結婚式の発明」でした。

会社帰りに外で一杯ひっかけて、ほろ酔い気分で帰ってきたら、食卓の上の御馳走を前に妻が角を出して怒っている。「なんで?」とよくよくカレンダーを見ると、「結婚記念日」とある。翌朝は朝食抜きで出社、しばらくは口もきいてもらえなかった……といった類いの話は、先輩や同僚からもよく聞いていたものです。

私はそんなヘマはしません。心を平静にし、集中して発想に励まねばならない発明する私にとって、「常に家庭円満」は必須のこと。絶対に結婚日を忘れてはなりません。そこで一月一日に結婚式を執り行うことにしたのです。そして神主も牧師もなしという、形式主義排除方式で、私の発明したナカビゾンで二人の誓いの言葉を、同じく私の発明したナカペーパーに録音し、その音声の録音されたナカペーパーを額に入れて家の永久保存としました。

屠蘇《とそ》気分さめやらぬ中、新婚生活が始まりました。

そこで私は、妻から意外なことを聞かされたのです。

その話の中で、私たちの結婚には、「何か不思議な大きな力」が働いていたのであろうことを、私は知ることになりました。

「青目」こと私の妻は、実は、あのとき――、東大ダンス研究会の四谷での練習会に、姉妹連れ添ってやって来て、私と一曲踊り終えた後も私の服の袖を持って離れなかったあの熱心なお姉さんの、そのおとなしい妹のほうなのです。そして、我が家の正月のかるた会では、猪突猛進の「ギョロ目」さんの隣に座して、その慎ましい居ずまいが対照的であった、その女性《ひと》なのです。

そもそも私が「「青目」がいい」と思ったのは、ひとつには、「青目」の兄が、私の東大工学部の仲間だったのですが、彼は非常に柔和な、人を包み込むようなふんわりとした温かい人間で、そういう兄の妹なら、と思ったことも大きな理由のひとつです。

本人自身のことでいえば、何より「青目」と私がネーミングしたくらい、白目が澄んだ空のような青い色で、またその大きな目全体が紡錘形の美しいフォルムをしていたこと、肌も白く滑らかで、ウエストが、オードリー・ヘップバーンのように、ほっそりと締まって、楚々として控え目だけれど、カラーコーディネートと洋服のセンスが良く、凛とした姿勢で背筋を伸ばして歩く女性――私には「ピカ」っときたのです。披露宴で揃った女性の中でも一番の美人と、出席者が言っていたくらいです。

お姉さんが結婚して数年たったあと、「青目」はどうしたかなと電話すると、お母さんが出て、ハーバード大学出の歯医者の助手をしていて、その場所も偶然私のオフィスのそばでした。そこでついでに寄ってみると、まだ独身でした。

その後、彼女は、あるとき私の家にやってきて、

「これを、あなたのためにつくってきたの」

と差し出したのが、蜂蜜に卵白をまぜたハニー・シェイクの入ったガラスポット。

「蜂蜜に卵白を混ぜると、リンができて、身体にとってもよくて長生きできるんですって。だからあなたのために、つくったのよ」

化学的には、蜂蜜に卵白を混ぜて、リンなどできるわけがないのですが、彼女はそう信じて、私のために一所懸命、心と力を込めてシェイクして(やってみるとわかると思いますが、蜂蜜と卵白はそのままでは分離してしまい、これらが万遍なく混ざり合うまでシェイクするのは、なかなか重労働なのです)、持ってきてくれたのです。

「……ああ、ありがとう。これは効きそうだね」

以来彼女は、家に来る度に、この蜂蜜卵白をつくって持ってきてくれるのでした。

その健気さに、私は打たれました。

さて、例のお姉さんに話が及ぶのですが、実は私たちが結婚して間もなく、このお姉さんはガンで突然他界してしまったのです。そのお姉さんは、私とダンス練習会で踊った日の夜、妹、つまり私の妻に、

「私、中松さんと、どうかしら」

と言ったのだそうです。

ところが、お姉さんのこんな私に対する思いなどつゆ知らない私はそっけない顔をしていて、そんな私の愛想のない態度ゆえにお姉さんは諦めて、ある有名な時計会社の社長のもとに嫁いでいったのです。それで、仲の良い妹、つまり私の妻にはよく、「私は中松さんと結婚したかったのよ」と話し、そして妻がお姉さんに私との結婚のことを話すと

「へエー、あなたがねえ。まあ中松さんがいいと言うんならいいでしょう」

と言っていたと妻から聞きました。

お姉さんが亡くなったのは、ほんとうに私たちの結婚式直後だったのですが、ホテルオークラの結婚披露宴にもそのお姉さんは出席し、その帰り道、私と妻が歩いていると、そこへお姉さんが追いかけてきて、私の腕に手を入れて、「ね、ね、何を二人で話しているの。これからもよろしくね」と、三人で手を組んで仲良く歩いて帰ったのです。

しかし実はこのときにも刻々と、病魔はそのお姉さんを死へと導いていたのです。

自分の先のそう長くないことも知って、その魂が絞り出すように、

「妹のことを、ぜひよろしく頼みますよ」

と、私が「四つの目」から「一つの目」を選ぶ瞬間に、お姉さんの魂が私に訴えていたのです。私が急に決定したのはそうとしか思えません。

非科学的なことは絶対否定する私ですが、このときばかりは、そういう科学的には説明し難い、目に

見えぬ大きな力が、人の人生の節に働くことがあることを思い知らされたのでした。

結婚後、私の妻「青目」が、

「私はあなたが東大の人とつき合っているのは知っていました。なぜあの東大の美人でなく、私を選んだの？」

不思議そうに大きな青目をいっぱいに開いて問いかけてくるのでした。

偉大なる心

偉大なる母

How great, My mother!

お母様。
あの時お母様は、
じっと私の目を見つめて、
そうして、何も言わずに、
ただ待っていていただけでしたね。
私の決意の言葉を。
その決意を聞くや、
私に追い風を呼ぶべく、
電光石火の行動を起こしたのですね。
その時、
「大事な息子だから奪われたくない」

という気持ちは、
微塵もなかったのでしょうか。
「大事な息子のお嫁さんは、
　私が決める」
そういうふうには
思ってはいらっしゃらなかったのでしょうか。

実は、ほんの少し、不思議に思ったものです。
あるいは、
お母様は大変な無理をしていたのだろうか。
そんなふうにも思ったものです。
しかし、そういうことではなかったのですね。
その後のお母様の
選択、強い決心、私の新しい家族への思いやり、慈愛。
そのすべてに、

お母様の寛さがあり、
お母様の深さがありました。

お母様だからこそ、の御心だったのですね。

「うちの嫁は私が選びました」

と喜び満面で周囲に語る、お母様。


あらためて、お母様。

偉大なる力、偉大なる心。

偉大なるもの。その御名は、

「お母様」

私が、自分の結婚という人生の節にあらためてその大きさを知ったのは、「何かわからない、ある力」だけではありません。

「大事な息子だから」

手放したくない、嫁に奪われたくないというのは、母親としてごく自然な気持ちです。その気持ちに従って行動するのがいいかどうかは別として。

しかし母は、

「大事な息子だからこそ」

息子の思いを遂げさせ、息子の思うようにしてやりたい。

その母の一心が、母をあのような速攻機敏な行動へと運んだのでしょうか。

母が大変な無理をして、正直な感情を抑えてひたすら理性でふるまおうとした、そういう意図の下の行動だとは、思えません。

しかしもし、私が母の立場だったら——。

三人の子を持つ親として、考えないではいられません。

一人娘のこととなると、やはりなかなか冷静ではいられないものです。

いつの日か娘が、結婚を考えているという男性を、紹介する日。

そんな日がやってくることは、娘を持つ父親にとっては、いやなものなのです。

そうして連れてきた男性がたとえ、素晴らしく優秀で性格もよく、非の打ちどころのない男であっても、

「娘の結婚相手でさえなければ、いいヤツなんだが……」

などと思ったりするのではないでしょうか。それが、娘を持つ父親の、真っ正直な気持ちというものです。親の、本来的な心理というものです。

それなのに――。

三歳で物理を教え、六歳まで乳を与えて、息子のためなら金肥惜しまず注ぎ込み、息子の喜びを自らの喜びとした母。濃密な愛情で結ばれた母と息子。

その母が、息子の結婚、つまり息子が他の女性と一緒になるというその局面で、息子の意向に口を挟むことなく一切を委ねたことも驚愕なら、息子の意向を知るや、電光石火のごとく相手の家に飛んでゆき、相手の両親と腹を割って話し、自らが追い風を呼びに行ったのです。

たとえ「息子がそのような意志であるのだから、思いどおりにさせてやりたい」といっても、どうしてそこまでできるものだろうか――。

もちろん、母の私を思う強い愛情と、母がこのときあのような行動に出たこと、おそらくそれらは母の中ではまったく矛盾するものではなかった、ということについては、私も疑うものではありません。

ただそれは、一般的な方程式では決して解き得ないもの。母にしかわからない、多分にあの母にしかもちえない、そして、あの母であったからこそもちえた、心の理《ことわり》。そのようなものであったとしか、言いようがないのです。

あまりにも深く広い、偉大なる母の心です。

嫁への思い

「私の決めたお嫁さん」

そうして迎えた嫁のことを、母はいつも、

「息子のお嫁さんはほんとうにいいお嫁さんなんですよ。なんといっても、私が決めたお嫁さんなのですから」

と周囲に言って憚りませんでした。

「私が決めたお嫁さん」——。

母は、私が叔母から「「寄り目」さんにしなさいよ」と決断を迫られていたときも、一言も何も言いませんでした。自分のほうから大学教授に頼んで紹介してもらって連れて来た「「寄り目」さんにしなさい」とも言いませんし、他の誰がいいとも、ひとことも言いませんでした。

ただただ、私の意志と結論を、待っていただけなのです。

それなのに、

「私の決めたお嫁さん」

なのです。

母は、その「自分の決めたお嫁さん」を、自分の息子を奪われるなどという狭い心ではなく、ほんとうに温かく、寛い心で迎えました。

「私の一番大切な宝物を、あなたにさしあげます」

妻が私のもとに来た最初の日に、母にそう言われたそうです。

それも、嫌味でもなんでもなく、母はほんとうに嬉しそうな顔をして、慈愛に満ちた笑顔で、そう言ったといいます。

そうしてその言葉通り、結婚してからの私の生活は、母から一切が家内に託され、母は父と二人で、父亡き後は一人で、世田谷の家に住み続け、私の誘いには微笑むだけで、長く同居を遠慮し続けたのです。

それは母の叡智でした。

母の選択

母は、「自分の決めた」いいお嫁さんといい関係であり続けるために、結婚した私の新しい家族との同居を、ずっと遠慮していたのでした。

たとえ女同士、うまが合い、気心知れた良い関係を築いた間柄でも、これに、「嫁姑」という関係が付加されたとたんに、そこで事情は一転します。

同じ屋根の下での生活。男子厨房に入らずの時代に育った男性諸氏にはわかりづらいことかもしれませんが、台所ひとつとっても、味噌、醤油、塩、砂糖、それらをどのような器に入れて、どの順番で、どこに並べるか。台所を預かる主婦が十人いれば十通りあるといいます。洗濯物の干し方たたみ方、はたきの掛け方や部屋の掃除の順番。使う洗濯機や掃除機のタイプなどにもそれぞれにこだわりがあります。そうして食卓に並べる膳の数から、味付け、盛り合わせ方に至るまで――。共に暮らすようになれば、こうしたことの違いが、何かと鼻につくようになるものなのです。

些細で瑣末なことのように見えるかもしれませんが、これが日常の生活というものなのです。生活の基盤における、現実的な問題なのです。

加えて、風呂に入る順番、どちらかが出掛ける際の家の留守の心配、それぞれの来客……、互いが譲り譲られ合い、遠慮し合い、というその気遣いが、朝起きてから夜寝るまで、続くのです。

それなら台所も別、生活空間をきっちりと分けた二世帯住宅を、という発想もありますが、それならわざわざ同居しなくても、ということになります。ましてや母には、自ら設計までして建てた家を手放してまで、ということになるでしょう。

さらに、子どもが生まれれば、その子どものしつけや教育方針などで、考え方の相違も当然にして出てきます。離れて暮らしていれば、ある種第三者的な目で見守っていられる孫も、同居して傍にいれば、しつけにも口出ししたくなるというのが人情です。それがもとで、嫁姑互いの間に軋轢《あつれき》が生じてくることも往々にしてあることです。

こうしたこと諸々の一切を、賢明な母はすべて、充分に、心得ていたのです。

そうして、思いやり深い母は、どうしても嫁姑の関係になれば、姑である自分に対して、嫁である私の家内が遠慮したり気を遣ったりすることになるだろう、けれどもそんな気遣いを、決して嫁にはさせたくない。そんなふうにお嫁さんが自分のために苦労することは、かえって自分には耐えられない、と思っていたようなのです。

「ようなのです」というのは、私に対して母が直接そのようなことを言ったことは、一度もないからです。ですからこれは私の推測の部分もあるのですが、ただ母が常々、

「私はね、息子の幸せを思ってお嫁さんに迷惑をかけたくないの。だから、一緒には住まないの」

と語っていた、という話を、晩年の母と親しかった人、それも何人もの方からうかがったことがあるので、おそらく私の推測は当を得ていると思います。

そういう気持ちも、「ずっと私には言わず」に通したところが、また母らしい気遣いだと、あらためて感じ入るのです。

母にはおそらく、かつて中松の家に嫁いだ頃、この武家の家ならではのしきたりや、また武家の女性であった姑の気難しさなどに、気を配りながら、遠慮しながら、過ごした日々もあったに違いありません。代々に伝わる名刀をおさめた「刀箪司」、母が嫁いだ頃にはその中に刀が何十本とあり、これを時に取り出して手入れするのも嫁である母の仕事でした。そんなものの扱いに慣れていない母には、これはさぞ気も遣い、手間もかかる、大変な重労働だったことでしょう。そのように、何かと家の中のことを嫁が気遣ってやらなければならなくなることを、母は望まなかったのです。

また、父方の祖母、つまり母の姑は、晩年、長く床に臥せており、その看病に母は明け暮れていたこともあります。床ずれを痛がる姑に、やさしく手厚く介抱をしていた母の姿を、私は覚えています。

「そんな苦労を、息子のお嫁さんには決してさせたくない」

これが母の一心でした。

そうしてその母の思いは、私の想像以上に強く、その決心は石よりも固かったのです。

「あなたを信じていました」

——母より——


「大事な息子だから」

あなたの意志通りに、
あなたの将来を決めてほしかったのです。

「大事な息子だから」

あなたの思いの通りに、なってほしかったのです。

だからこそ、なのですよ。

あなたの意志は、私の意志。

何より私は、
あなたを信じていたのです。

新しい家庭をもって、
あなたは夫となり、父となりました。

そうして家族のためにと、
あなたがいつも家族の幸せを思う姿を見て、
私はいつも思っていました。
あなたを信じて、
あなたの意志を貫いてもらって
よかった、と。
そうしてまた、
あなたの新しい家族のお陰で、
私もまたたくさんの喜びを
分けて頂きましたよ。
ここでもまた、有難う、
義郎さん。

第4章

それからの母

The Days After days

母の長寿のために発明した
「フロフロー」を喜んで使う母。
フロフローは電気を使わないで
超音波を発生させる発明で、
入浴中に血行をよくして、
肌が潤い滑らかになり、
且つ安全なのです。

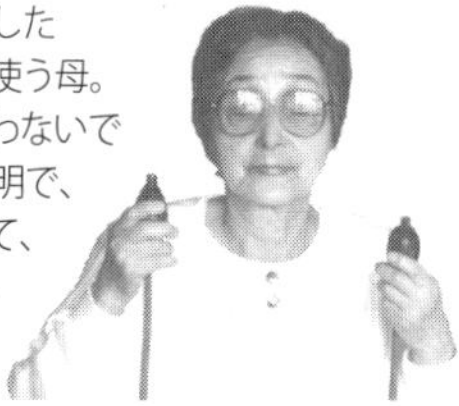

家族の集いはくつろぎの時間。
母とは毎週末、
またウィークデーにも
会話をはずませました。
（次男は留学中）

マンション最上階の
ペンタハウス内の空中庭園、
「静の部屋」という床柱付きの
日本間と枯山水の庭。
ここが母の最晩年の城でした。

新しい生活の中で

青山へ「里帰り」

かくして、私は、結婚をし、一国一城の主となりました。

一国一城の主というからには、自分の家を持たねばなりません。まだ父は存命ですから、実家はあくまで父と母の家。ここが皇居や本丸なら、私はどこかに東宮御所なり二の丸なりを建てねばならないのです。

そこで、母のように、土地探しから始まって、一から設計、建設——と、こういきたかったのですが、何しろ結婚が決まったのが昭和四十一年（一九六六）六月。ここから結婚式を挙げる翌昭和四十二年一月一日までの間に、その行程をこなすのは、いくらなんでも不可能でした。それでなくとも、日々私は、百を超える発明のそれぞれに違う段階で、これまた様々な作業や思考を行わなければなりませんし、また自らの会社の経営にもフル回転の日々なのです。かといって、結婚式を翌々年の一月一日に、というのも、現実的ではありません。先方の親類縁者に「家が未だ建たないから、結婚は延期します」では、はなから家庭円満を壊すようなものです。

そこで自ら設計するのは諦めたのですが、どこに住むか——、その場所は、以前から私の心の中で、決めてありました。

私の青山師範附属小への編入学・通学のために、中松家ゆかりの青山の地を離れて、四半世紀余り。かつての私たちの原宿の家は、昭和二十年五月二十五日の大空襲で、焼失してしまっていました。下馬の家は母の必死の護りで難を逃れたのですが、主の移った後のその家は、焼夷弾の攻撃から身を守る術もなく、灰塵と化してしまったのでした。

私は、何か罪滅ぼしのような思いもあって、自分が新居を構えるときには、その我が家ゆかりの地、青山に「里帰り」をしようと、決めていたのです。

また、当時銀座にあった私の会社の事務所にも銀座線で一本、しかも世田谷の母の家からも遠くないということで、最適のロケーションでもあったのです。

そうしてこのあたりで物件を探し、外苑前に建てられたマンションを見つけました。新婚から三ヵ月ほど新橋第一ホテルで暮らした後、この外苑前のマンションから、私の新しい生活が始まったのです。

そうして二年後の昭和四十四年（一九六九）一月。待望の長男が誕生します。

実は、「子供を一月一日に生む発明」を計画し、「準備」も万端に整え、そして見事予定日も一月一日と、事は実に上手く運んだのですが、カウントダウンの年の瀬十二月二十八日に、妻が階段で転び、へその緒がお腹の赤ちゃんの首に巻き付いてしまうというアクシデントが起こってしまったのです。一月一日の出産は無理と、医師に延期を勧告され、悔しいながらも、母子安全には代えられません。そこで一・一は諦めるにしても、一・一・一というのはどんなものかと医師に相談。

そうして、一月十一日に、帝王切開で産声をあげた元気な男の赤ちゃんが、母にとっての初孫と相成ったのです。

その後、これも計算したかのように――実際計算していたのですが、最初の「子供を一月一日に生む発明」が、私のこれまでの人生「唯一の発明の失敗」に終わったことで、生命誕生という事象においては人知にも限りがあるということを充分に悟り、日にちまでは計算外としました――、ほぼ二年おきに、長女、次男が誕生。

母は三人の孫のお祖母様となったのです。

私もだんだんに家族が増え、手狭になったマンションから、今度は同じ青山圏内でも表参道に、竹中工務店が総力を挙げて建設した最先端のマンションを購入し、ここに移りました。

そうしてまた、子供たちが成長するにつれ、物も増えるしそれぞれの個室も必要だし、また私自身の創造活動にも使える部屋もほしいということで、さらに広いスペースを、と購入したのが、そのマンションの最上階の、ペンタハウスです。

この高級マンションの最上階と、それに同じ建物の三階部分と地下倉庫、駐車場の車三台分のスペース。これは、言わずもがな、母をお迎えする準備です。

マンション住まいではあるにしても、やはり自らの理想に近い家に、自らの理想の空間にしたい――。そこで内装は、すべて自らの設計で改装を施しました。

ここが、新しい私の城です。

その新しい城は、多角的目的住居として、日常生活のリビングやダイニング、寝室などのほかに、「静の部屋」と「動の部屋」。「静の部屋」は釘を一本も使わず、すべて天然素材仕様。釘で思考が反射することなく、すべての雑念を消し去る部屋。対して全体を黒で統一した「動の部屋」は、完全防音にして、映像や音楽をかき鳴らしながら脳をシャッフルして発想をするための部屋です。

この家は、私がその後、世田谷の地に戻るまでの四十五年間、私の居城となっていました。

そうしてここが、最終的には、母の終の住処となったのです。

超並《スーパー》お祖母様

母は、父の生前は父と連れ立って、また父の没後は母ひとりで、私のマンションに毎週末になると出掛けてきました。日曜日に日帰りのこともありましたが、たいていは土曜日の夕方から泊まりがけでやって来ていました。

そんなこともあって、孫たちにとっても、お祖母様は「いつもそばにいる」存在となっていました。

食卓を囲んでのなごやかなひととき。

一週間の間にあった出来事を口々に話す孫たちに、目を細めて耳を傾ける母。

デザートでみかんを食べているとき、うまく皮をむけない孫娘の手をとって、

「おみかんはね、こうして皮をむくと、きれいにむけるのよ。ほうら……ね」

孫娘がお祖母様の手つきを見よう見まねで、みかんの皮をむいてみると――、おや不思議、なんときれいにむけるではありませんか。その孫娘を、

「上手におみかんの皮をむけるのね、あなたはおみかんの皮むきの天才です」

と、また目を細めて褒めてあげるのです。得意になった孫娘がどんどんみかんの皮をむこうとすると、

「食べられる分だけおむきなさい。食べ物を残しては、いけません」

微笑みながら教育するのです。

決して叱らない。しかし、してはいけないことは、はっきりと、「いけません」。

傍で見ている私も、かつて幼い私が同じように母に育てられたことを、感慨深く思い出したりしたものです。

孫たちの手を引いて、一緒に買い物や散歩に出掛けることもありました。

私たち一家とともに、国内外の旅行にもよく行ったものです。

それはごくごく普通の、祖母と孫たちの一シーンではあったかもしれません。

しかし、そのシーンの中にも、母ならではの「ピカ」、ユニークさと「イキ」が、常にありました。

いちばん上の孫と散歩に出掛けたある日。近所の家の庭先に、ちょっと変わった、あまり見かけない花が咲いているのが目に入りました。

母は、植物学に特に詳しく、普通の人以上にいろいろな花を知っていたのですが、その花がなんという花であるのか、確かめたくて仕方がありません。

たまたまその家人が庭に出て来るのを見留めるや、見ず知らずのその人に話しかけ、花の名前から、種を蒔く時期、育てる時の注意点……等々、矢継ぎ早にきいて、しまいにはその方とまるで昔からの知り合いのように、延々と立ち話が続きます。その好奇心や探究心の強さ、それに、誰にでも話しかけ、すぐに仲良くなってしまう人となり。

孫は目をぱちくりさせながら、そんなお祖母様を眺めていたようです。

時には、勉強をみてくれることもありました。

「お祖母様は、どんなことでも知っているのね」

「お祖母様が教えてくれると、それまでわからなかったことも、いっぺんでわかってしまうの。まるでマジックみたい」

母は孫たちにとって、慈愛に満ちたお祖母様、尊敬してやまないお祖母様、超並《スーパー》お祖母様、なのでした。

「子宝ですねえ」

そんな孫たちにも、私を通じて私の母のＤＮＡが、それぞれにしっかり受け継がれているようです。親にとって、子供の成長はなんといっても嬉しいものです。「親馬鹿」という言葉もあるくらいで、世の父親は誰しも、そんな子供の成長ぶりをついつい人に披露してしまうものですが、私の場合はとりわけ、その子供の能力や活躍が、母のＤＮＡの恩恵を受けているものということもあって、その喜びもひとしおなのです。

長男は小さい頃から手先が器用で、行動的でリーダーシップに溢れ、友達の面倒をよくみるので、多くの友人から慕われているのも、紛れもなく私の母と私のＤＮＡです。アメリカに十三年留学し、シラキュース大学ではコンピュータサイエンスを勉強。現在は、私の研究所の工業部を担当して、時折普通の人が思いつかないようなアイデアを発します。時には実現性のないアイデアもあるのですが、それでも「ヒラメク」のはやはり、ＤＮＡでしょう。そして性格がよく、優しくて、私が長男をアメリカに留学させる時、夜通し国際電話で私が学校と交渉していたのを今でも覚えています。そして、常に父親である私を立てる「良い子」なのです。

次男はとりわけ私の母の謡曲好きや、私の音楽好きのＤＮＡを受け継ぎ、バンドを組んで歌ってライブを行うなど、親の私にしてみれば「ちゃんと勉強しているのか」と心配になるほどの熱中ぶりでしたが、長じてからも「自分でつくり出す」DNAをきっちりと受け継いでいたようで、自作自演のCDアルバムもプロデュースしています。

最近TBSとその系列の番組、「爆笑問題」の『有名人の家族五十人』に選ばれ出演して、テレビ初デビュー、そしてその五十人の中からさらに選ばれて、新聞報道もされました。

カラー写真を発明した母の父、つまり私の祖父、その祖父の血を受け画の才に長けた母、そしてそれをさらに受け継いだ私から、脈々と受け継がれてきたカメラ好きのDNAをしっかり受け継ぎ、私のカメラバーにあるライカをさわってカメラマンを志したり、小さい頃から手先も器用で、プラモデルやラジコンを熱心に作りました。そして、イリノイの大学で物理学を勉強させ、卒業後は私と提携するニューヨークの特許法律事務所で研修させました。

現在は、私の研究所の発明部で働いていますが、非常に母親思いの子で、この子に私と妻について聞くと「お父様は頭がいい。お母様は優しい」という答えが返ってきました。

私は「タスキ掛け理論」――「父親の遺伝は娘に行く」という理論を創造学講義で述べていますが、このタスキ掛けというのは、祖父から娘である私の母へ、母から息子である私へ、私から娘へと遺伝する、DNAが伝わっていく、ということなのです。だから私の娘の頭は私の頭と同じ構造、高品質を誇っており、そしてまた私が何を考えているか、言葉に表さなくても娘には通じているのは不思議です。

娘と二人でテレビ番組に出演しました。これは、二人一組のカップルになって、その一方が何をしたり考えたりしているかを、もう一方が当てて、その答えによって得点を競う、という番組でした。そこで娘は、私が何を考えているのかを完璧に答え続け、得点はダントツのトップ。これなどは、私の脳のDNAがそのまま娘にコピーしたように伝わっているとしか思えませんでした。そう、かつて、私の夢の中に繰り返し現れる一つの風景とまさに寸分違わぬ映像で、母が同じ夢を繰り返し見ていたように――。娘には、私が見ているもの、考えていることがすべて、目には見えないDNAの糸を通して、手にとるようにわかっているのです。

娘は青山学院大学で最難といわれる国際政経学部をトップの成績で卒業し、その後ボストンの大学に留学しました。現在私の研究所で経理を担当させていますが、取引先の銀行からは「美人で頭の良いお嬢さんですね」と一目置かれる存在です。また研究所では経理のほか、世界天才会議のマネージャーもこなしており、こうした研究所の仕事で忙しい毎日なのですが、本場のデンマークとフランスに留学して、陶器に絵付けをする「ポーセレン・ペインティング」の師範の資格をとり、お弟子さんたちに教えています。二人の息子と同様に、器用で絵が上手なところも私の母と私から遺伝したようです。

我が家では、朝は必ず子供達の方から「お早うございます」と言い、毎週日曜日のディナーは家族全員と必ず会食するのがオキテなのですが、私が食事の写真を撮り終わるまで、全員食べません。四十二歳の時から三十五年間毎食写真を撮り続けて、しかも自分の血を抜き取って三十二項目を分析し栄養学の研究をした、たゆまぬ努力と研究が認められ、ノーベル賞受賞者が選ぶノーベル賞をハーバード大学で授与されました。

新聞やテレビは日本人がノーベル賞をもらったことで持ち切りで、私の授賞も新聞やテレビで繰り返し報道されていますが、ノーベル賞は三つの国で選考されていることをご存知でしょうか。

スウェーデンで選考するノーベル賞、ノルウェーで選考するノーベル平和賞と、アメリカのノーベル賞の、三つのノーベル賞があるのです。ヨーロッパのノーベル賞は、ノーベル賞をもらっていない選考委員が選考しますが、アメリカのノーベル賞はノーベル賞受賞者（詳しくはハーバード大学教授とMIT教授のノーベル賞受賞者）が選考委員になって選ぶノーベル賞です。ヨーロッパのノーベル賞と区別するために、アメリカのノーベル賞をIgノーベル賞といいます。

医学博士である私の受けた栄養学賞は日本人で初めてなのです。

娘はまた料理上手で、この毎日曜日に妻と娘がつくるディナーの味は、一流レストランよりもおいしいのです。

私の母は、幼い頃から私の子供たちのこうした才能の片鱗を目にし、そうしてそれが成長とともに確かに顕われてくるのを、嬉しそうに目を細めながら見守っていました。

「ほんとうに、子宝ですねえ」

私の家に訪れる母の、口癖でもありました。

バスに乗って

母は毎週私のマンションに来るときも、赤坂の私のオフィスに来るときも、きまってバスを利用していました。

おそらく世界で一ヵ所でしょう。私のマンションには地下鉄の駅があるので外国人が皆、驚くのです。世田谷の母の家から地下鉄表参道駅まで、電車を使えば、まず家から十分ほど歩けば学芸大学駅に着き、そこから東横線で渋谷まで、渋谷からは地下鉄銀座線か半蔵門線で一駅。全行程でもわずか二十分足らずの道のりです。

母は電車の駅まで歩くより、家から一分のところにあるバス停から、バスでやって来るのです。私が常識と考える電車ルートをやめ、バスという「通い方の発明」をしたのです。

そして母は、バスに乗るのが楽しかったのです。

バス停ごとに人が乗り降りして、自分の横に座る人も、入れ替わり立ち替わり、それこそ老若男女、サラリーマンに学生、買い物中の主婦、やはり自分と同じように、息子や孫たちに逢いに出掛けるおばあさん……。

社会でそれぞれに様々な生活をしている人々の縮図が、そこに現れます。

母は、そのときそのバスに偶然乗り合わせて、たまたま自分の隣に座った人たちに、自分のほうから話しかけては一時の友となり、そうしてその人がバスを降りて次に母の横に座ってきた人に、また話しかけては友達になるのです。

　こうして一期一会の出逢いのひとときを、母は心から楽しんでいたのでした。

そしてまた、バスの車窓から見える、都会の風景。

めまぐるしく人々の行き交う交差点。原色に彩られたファッションビルのネオン、全面ガラス張りのモダンなビル、次々にモデルチェンジされて、様々なカラーやデザインで個性をアピールしながら走っている車の流れ……。

　母の絵心は、車窓をキャンバスに、刻々移り変わる景色や彩りを、鮮やかに描き出していたにちがいありません。

　そうしてそんな都会の風景の隙間から、緑の杜が見えてくると、もうじき息子の家に着くのです。

息子に会ったら、孫に会ったら、今日はこんな話をしましょう、ああ、こんなこともあったわ……、それにあの話も面白いわ……と、母もこのとき、一週間の出来事を思い出しながら、私たちに会える喜びに胸を踊らせていたことでしょう。

　家から私の赤坂のオフィスに来るときも、バスでひょっこり訪れました。

母の家から私の家、母の家から私の居る事務所を結んでいく、バスの中。

これも、母のバイタリティや創造性によって、躍動の空間となります。

その空間で、母がますます輝いていく時間。

その輝きは、ほんとうに、いつでもどこでも、常に人々を幸福にし、笑顔を創る光であったのです。

説得

息子の家の週末ごとのゲスト。というより、孫たちにとっても、そしてもちろん私にとっても、母はあくまで家族でした。そして私にとって、母はあくまで母なのです。

喜寿を迎えようとしている年にはとても見えない、若々しくどこまでも美しい母でしたが、それでも、これだけは万人に公平に寄る年波。母だけが例外というわけにはいきません。もちろん、母より五歳年上の父も同じです。父もまた年よりはずっと若く見えますし、例の回虫事件の一件があったほかは、これまでに病気らしい病気などもしたことがありません。いたって壮健な、老夫婦というにはあまりにも若々しい二人です。

しかし、今は大丈夫でも、この先ずっとこのままというわけにはいかないだろう――。

私は、母と父が、私のこの家で共に暮らすことを、常に考えるようになりました。

息子が結婚したら、同居はしない。

それが母の固い信条であったのは重々承知しています。

しかし、新婚当初ならともかくも、もうそろそろいいんじゃないか――。

思い切ってある日、切り出してみました。

「お母様。そろそろ私の家で、一緒に暮らしませんか」

その目は二度、三度、まばたきをして、それから十秒かそこら――私にはもっと長く感じられたのですが、実際はそのくらいの時間でしょう――、少しの沈黙の後、母は口を開きました。

「今のままがいいの」

想像していた通りの答えでした。

それなら、こちらにも用意した言い分があります。

「いや、でも、お母様……」

その後に私が話すことを、母はじっと聞いているようでもあり、聞いていないようでもありました。私が何を言っても、またどんなに筋道立てて同居のメリットを説いても、母はうなずきもしなければ、意見も言いません。

何も言わずに、黙っているだけ――。

そう、あの時と同じです。

私の結婚の決断の時。

ただあのときは、母は微かに笑みを浮かべながら、私の目を見ていました。

私の決断にすべてを委ねる母の意志が、その目に表れていました。

しかし今、母の目は、私のほうではなく、空《くう》を向いたまま、そうして身動きひとつしません。

私が一通り話し終わると、ようやく母は小さく笑いながら、

「でもね、義郎さん。同居は、しません」

そう言って立ち上がり、部屋を出ていきました。

——これは長期戦になるぞ……。

「信念」で家まで建てた母のことです。何しろ、決心が強い。

こうと決めたら、その一心を翻すことなど、後にも先にもない母です。

——一、二年、いや、数年かかるかな……。いやもっと、十年くらいは覚悟しておいたほうがいいのだろうか……。

私も覚悟は決めたものの、しかしこの一件に関して、母を「陥落」させるまでに、実際のところ二十年近くかかるとは、このときには私も思ってもみませんでした。

しかし私とて、ネバー・ギブアップの精神の人なのです。

何しろ、そのように育てたのは母、その人自身なのですから。

「決して、諦めない」息子は、手を替え品を替えながらも、この後、幾度もこの同じ説得に挑戦、また挑戦を繰り返すことになるのでした。

息子の世界、母の宇宙

突然の訪問者

週末は必ず私の家で。一方ウィークデイにも、しばしば母と息子の楽しい時間がありました。私の会社——結婚した当初は銀座に、その後赤坂に移ったのですが、そのオフィスに母は、いつも予告もなしに、ひょっこり現れました。

広い入り口スペースの脇にある待ち合い室は、ガラス張りになっています。入り口の応接室を過ぎ、多数の社員のデスクスペースを越えて、その先に私の社長執務室があります。ここもやはり、四方がガラス張り。これは私が社員を緊張させるためではなく、社員にいつも私を見て元気を出してもらうためのガラス張りなのです。

母はオフィスのドアを開け、そこからガラスに囲まれた社長室の私が、いつも忙しそうに立ち回っているのを見留めると、気を遣って、入り口のガラスの中の待ち合い室で、椅子にちょこんと腰かけ、私の手が空くまでずっと待っているのです。

私が一区切りついてようやくデスクから目をあげると、そこからもまたガラス越しに見える待ち合い室に、にこにこしながら座っている母を見留めて、

「あ、なんだ、来てたの?」

と手招きすると、嬉しそうにぱっと顔を輝かせて、スキップするように、私の社長室に入って来るのでした。

「お元気にしていましたか？」

おとつい会ったばかりの私にも、そう訊ねるのがお定まりになっていました。

それから話すことは、とりとめのない話であることもあれば、その時々に私が身を置いている状況に最もふさわしい励ましや応援の言葉を、さりげなく交えることもありました。

そこにいる母は、いつも嬉々とした表情で、ときには少女のように無邪気に笑い、ときには、私をまるごと包み込んでしまうような慈しみ深い笑みを見せるのです。

週末の家では、家内に気を遣い、遠慮している母も、ここでは、かつてのように、全身で「息子の母」になってしまうようでした。一家の長、社会の公器でもある会社の長――家庭でも社会でも今や一国一城の主となっている私とてやはり、ひとりの母のひとりの息子であることには変わりありません。母と二人きりの楽しい時間は、多忙な仕事の合間を縫って突然に現れる、安寧のひとときでした。

「ラフマニノフをお聴きなさい」

私の危機

私は、青山のマンションで、未だ人生で味わったことのない放心状態にいました。そのときの失望、落胆の心は、どんな手段をもってしても回復させるのは不可能なくらい、深刻なものでした。

「ピンポーン」

心配して母が青山のマンションに様子を見にきました。

母は黙って、私の様子を見つめていました。

そうしてやがて、深い眼差しで私を包み込むように微笑みながら、

「義郎さん。ラフマニノフの交響曲第二番を聴いてごらんなさい。レコードを持ってきました。」

「……?」

唐突に、ラフマニノフ、です。

ラフマニノフといえば、二十世紀初頭を代表する、ヴィルトゥオーゾピアニストとしても活躍したロシア出身の作曲家です。自身が一オクターブつまりドから次のドを越えて、さらにソの音まで届くという巨大な手指で、超絶技巧を繰り広げるピアニストだっただけに、ピアノ曲作品は超ウルトラ級の難度、とりわけピアノコンチェルト第三番は、この世のありとあらゆるピアノコンチェルトの中でも最も難しい曲

ともいわれているくらいです。また、その前に作曲された第二番コンチェルトは、これもまた難曲なのですが、その豊かな叙情性とリリシズムで、ロマンティックコンチェルトの名曲中の名曲と謳われています。ラフマニノフは今でこそ日本でも演奏の機会が増えていますが、当時はまだ、ベートーヴェン、モーツァルトやショパンのような「メジャー」ではありませんでした。ピアノを弾く人や通の音楽ファンであればともかくも、ラフマニノフに精通している人というのもあまり多くはなかったと思いますが、ピアノが得意で音楽の知識も豊富な母には、ごくごく馴染みのある作曲家の一人であったのでしょう。

それにしても、なぜ、ラフマニノフの交響曲なのでしょうか。

「またそれは、どうして」とたずねても母は、ただ私の目を見つめて微笑んでいるだけです。私も深くは追及しないことにしました。何しろこの時、私は「それどころではない」状況に身を置かれていたのですから——。

私は、側近と妻を伴って、アメリカ市場開拓のため、半年も会社を留守にしていて、久しぶりにアメリカから帰ってきたら、私が座って仕事をしている執務室はロックされて入れず、ファイルも取り出せない状態になってしまっていたのです——。

突然、そういう予測だにせぬ驚くべき状況に陥ったのです。

この会社は、私が三井物産から二十九歳の時に独立した時に創った、ナカマスコープ株式会社とＥＩＥという二つの会社のうちの一方、ＥＩＥのことです。

ＥＩＥは銀座に事務所を開き、当初はたった五人でスタートしたのですが、私のリーダーシップにより業績が急上昇、放送局、映画会社、レコード会社、コンピュータ会社に媒体などを供給し、日本全国に支店を設け、毎年五十人もの新入社員を採用し、業界トップの座に君臨していました。

そのように膨大な利益を生み出す会社に、ある男が食指を動かしたのです。

ある男とは、私の会社と取引のあった放送局の社員のことです。どうも会社から退職を迫られている様子で、旧知である私を訪ねてきました。元来私は人を信用する質《たち》だし、取引先の人という気持ちもあって、本人の下心も知らずに、私の会社に出入りすることを許したのです。

独立して十年余が経った頃で、会社も軌道に乗り、まさに順風満帆の勢い。毎年大量に採用した社員もみな精鋭揃いでしたから、私が留守をしていても、万事上手くやっていけるだろう――そう信じ込んでいた私の甘さ、人をすぐに信用してしまうことが仇となったのです。なんと、この友人と思っていた人間が、他の株主を懐柔し、そうしてまんまと私の会社をコントロールしてしまったのです。

しかし、私からＥＩＥを奪い取り、自分の息子を社長にしたのですが、その息子は、私が夜も寝ずに必死で稼いだ巨大な利益金を湯水の如く使って豪遊して、私のいなくなった後のＥＩＥはそうした放慢経営でみるみる経営悪化し、ほどなく倒産。この間、様々な不正を働いた件《くだん》の息子は刑務所行きとなったのですが、出所してしばらく後にあの世に行きました。私に反抗したり、ひどい仕打ちをした人間は、ほとんどこういう運命を辿るというのも不思議なことです。

一方、私が創ったもうひとつの会社、ナカマスコープ株式会社は、現在ドクター中松創研のある地に事務所を設け、これを母がしっかり護ってくれていたので存続していたのです。ＥＩＥの新経営陣に不満を持ったＥＩＥ社員の大部分がやめ、私を頼ってきたので、別に新たに赤坂に設立したナコー株式会社に入社させ、この会社を母が護ってくれていたナカマスコープ株式会社と合併させました。これが、現在の、授権資本四億円の株式会社ドクター中松創研となったのです。そして私はこのドクター中松創研を、ＥＩＥを上回る世界で著名な企業に育て上げたのでした。

一夜のラフマニノフ

最終的にはそのような結末を伴った一連の事態であったのですが、二十九歳から四十二歳まで、私の青春時代のすべてを犠牲にして構築したＥＩＥを一瞬のうちに、奪われたのです。それもＥＩＥの発展のためアメリカで一所懸命開拓をしている私に対して、なんという行状でしょうか。

当時の私は、これまでに経験したことがないほど激しく大きく落胆していました。

私はこの先どうするかを、弁護士とも相談していたところだったのですが、方法論を考えるも何も、私は、この落胆から這い上がることができないでいたのです。

私は落ち込んでいました。

その晩も、私は一人、絶望の淵にいました。

草木も眠る丑三つ時。私のほかは誰も起きていない、たった一人の静かな時間。

ふと思い立ち、母が持ってきたレコードを取り出し、ステレオのプレイヤーにそっと載せました。ヘッドフォンを掛け、針を落とします……。

演奏時間にしておよそ六十分余の大曲。途中で一度レコードを反転させなければならない煩わしさも厭わず、私は一晩中、その曲を、繰り返し繰り返し、聴いていました。

気がつくと、あたりが白み始めています。

いつの間にか、夜が明けていたのです。

そうしてそのとき、不思議なことに、昨日まで私の中にあったネガティブな思いが、徐々に消えゆきつつあることに、気づきました。

その日から私は、とにもかくにもこうなってしまった以上はしなければならない手続きを踏み、それに並行して、もう一度アメリカに飛び立つ準備を始めました。

ゼロからやり直すのです。

自分の会社を、また「つくり返す」のです。

ネバー・ギブアップ。

そこにはまた、決して平坦ではない困難な道が続いているのでしょう。ここで「やめて」しまったほうが、よほど楽な道です。

それでも、私はこの困難な道を行こう、そう決めたのです。いや、私の心が自然に――。

母が与えてくれた、あのラフマニノフの交響曲第二番を聴きながら、私の意志は自ずとその道に、私自身を導いていたのです。これが、私の東大キャンパスにおける創造学講義の「撰難楽《せんなんらく》」の精神なのです。

謎は解けた

ところでこのラフマニノフの交響曲第二番には、あるストーリーが込められていました。

貴族出身で、幼少の頃生家は破産したものの、やはり貴族であった叔父の援護などもあり、モスクワ音楽院で作曲を学んだラフマニノフは、ここを首席で卒業します。その後もピアニストとして、作曲家として、順風満帆な道をゆくラフマニノフでしたが、二十二歳の時に手掛けた交響曲第一番の初演が失敗に終わり、八方から酷評を浴びた彼は、極度の神経症に陥ります。それから三年ほど。全く作曲活動などできない暗澹《あんたん》たる日々を過ごしますが、ダール博士という著名な精神科医と出逢い、博士の暗示療法を受けながら、次第に彼は快方に向かいます。そうして作曲されたピアノコンチェルト第二番が大成功を収め、ようやくラフマニノフは、人間としても作曲家としても、再起を果たすことができたのでした。

そのピアノコンチェルトの成功から数年後、彼は、一度は失敗した交響曲の作曲に、再度挑戦します。二年ほどの歳月をかけて完成させたその交響曲第二番は大好評を博し、ヨーロッパ中で彼の名声が高まりました。

この交響曲第二番は、演奏時間六十分前後の長大な、四楽章構成の曲なのですが、ラフマニノフは、かつて自身の人生の中で起こったドラマを、この交響曲の中に再現したといわれています。

それは、全体を通して三つの局面が、随所に入れ替わり立ち替わり挿入され、また全体の大きな流れの中でも、この三つの局面がひとつのストーリー展開をつくっているようでもあるのです。その三つの局面のストーリーを喩えるなら、

「平穏」から「難局」へ、そして「大いなる喜び」――。

この曲はまさに「平穏→難局→大いなる喜び」の展開、今まで平穏に事が進んでいたところに突然、難局が訪れ、しかしこれを乗り切って大いなる喜びを迎えるプロセスを、彷彿とさせます。

そうしてあのとき母がこの曲を「お聴きなさい」とすすめたのも、母には、ちゃんとわかっていたからなのです、

私の会社のことは、もとより母は知っていました。私の落胆、苦しみ。その深さも充分にわかっていました。だから「ラフマニノフ」以前にも、母は自分の知人である経営コンサルタントを私の青山のマンションに差し向けたり、各所に手を打ったり、さらに私を励ますために、母はあらん限りのことをしてくれていたのですが、私の落胆はおよそ回復することもなく、それまで病気知らずの私が、ストレスが原因で病気にまでなってしまったのです。

しかし、私自身が自ら奮い立たなければ、何も始まらないのです。

私自身が落胆から回復を果たさなければ、道は決して開かれないのです。

そこで母が思い立ったのが、「ラフマニノフの交響曲第二番」、そこに込められたストーリーとドラマだったのでした。

作曲活動ができないほど失意のどん底にあったラフマニノフ。

そのラフマニノフに再び創作に向かう勇気を与えたのは、彼を治療していた精神科医、ダール博士のある言葉でした。

「必ずできます。あなたには、できるのです。だから、おやりなさい」

私の幼い頃から、母が私におくり続けてくれた励ましと、これはまさに同じ言葉。

ラフマニノフを聴きながら実は、私はあの一夜、一晩中、幼少のときから母が私に言い続けてきた言葉を、繰り返し繰り返し噛みしめていた、というわけでした。

「行ってはいけません。あなたは殺されますよ」

全身全霊で心配する母

母が、ある日のこと、血相を変えて赤坂のオフィスのドアを開け、待ち合い室の椅子の前を通り過ぎ、まっすぐに私の社長室に駆け込んできたのです。

そうして、開口一番、

「義郎さん。行ってはなりません。あなたは、殺されますよ」

ただならぬ母の気配に、なんのことだと私もしばし呆然としていたのですが、猛スピードで回るルーレットのごとく頭の中を巡らすと、あるところでぴたりとルーレットの玉が止まりました。

「ＩＢＭとの契約のことですか」

「そうです。行ってはいけません。あなたは、絶対、殺されます」

同じ言葉を繰り返し、強調する母。

ほんの数週間前の週末に、母にも、アメリカ行きのことは話をしていたのでした。

私が東大工学部二年在学中に発明したフロッピーディスク。これが四半世紀もの時を経て、コンピュータ全盛時代となってようやく世界にも広く認められ、巨大な需要市場が生まれることとなったのです。

そうしてこの頃世界のコンピュータの七〇パーセントのシェアを誇っていたガリバー、米国ＩＢＭから、担当副社長が特別機で来日、私が所有していたフロッピーディスク、コンピュータリール、テープトランスポート、ハードディスク等、十七件の特許について「世界中のライセンスを受けたい」と申し込みに来たのです。そうして先方の弁護士を介し、当時私の会社があった赤坂小松ビル地下談話室で仮調印が行われ、本調印は、ニューヨークにあるIBMの本社で行われることになりました。

その話をしたときには、母は「いよいよあなたも、名実ともに国際人ですね」と喜んでいたのですが、今日の母の顔には、その喜びは微塵もありません。

今私の目の前にいる母は、この気丈な母がまさに全身全霊で心配して、息子を護るために一歩も後へは引かない様子なのです。

「それでも、行きます」、しかし母を安心させるためには――

多分、母は知ったのでしょう。時折、アメリカの新聞や雑誌などを洋書センターで買ってきては読んだりしている母です。まさか私のライセンス契約のことなどすっぱ抜かれているはずはないので、その頃IBMが進めていた企業戦略やその他の特許ライセンスの数々、将来的な市場競争激化の見通し――等々、このような周辺情報から、母は今回のIBMと私の契約の意味や、私の置かれている状況を、論理的に推理し、そうしてほとんど正確に把握したのでしょう。

もしフロッピーの発明者たる私を抹殺すれば、フロッピーの発明者はIBMということになります。今回の契約は秘密契約ですから、私からは公表できず、世界はIBMの発明ということで了解することになります。ですから私の方から真相が洩れない安全性を求めるなら、私を消しておいたほうがよい——と、そう母は考えたのです。

ＩＢＭは世界のコンピュータのマーケットの七〇％をおさえ、ガリバーとして業界に君臨し、リーダーとしてほぼ独占的市場を築き上げていました。日立、日電、三菱など日本のコンピュータメーカーがＩＢＭからライセンスを受けることを希望すると、ＩＢＭはクロスライセンス、つまり日本企業から特許を提供させるということを行っていました。日本のメーカーはグウの音も出ない、そんな戦略をＩＢＭは持っていたのです。

しかし私という「個人との契約」はＩＢＭとしても初めてのことで、ＩＢＭとしては困ったことに、クロスライセンスではなく、私からＩＢＭへの一方的ライセンスだから、私に牛耳られてしまうのです。だから私を消せば「死人に口なし」、ＩＢＭはフロッピーの発明者としての知的栄誉や利益を独占できるのです。

そういうことで言えば、確かに、母の推測は論理的には正しいのです。現に渡米した際にも、私と一緒にイリノイの大学で講義した、ハーバード大学の法律学科を出たラルフネーダー弁護士のボディガードから私は同じことを言われました。

「They will KILL you. ——あなたは殺されます。だから我々がボディガードしようか」と。

しかしいったんＩＢＭと東京で調印までしておいて、「マザーが心配するので、やめます」はいくらなんでもビジネス・エシックスに反するので、そんなことをすれば、それこそアブナい目にも遭いかねません。

一方で、この母を心配させたままアメリカに行くことも、私にはできかねることでした。

そこで私は、母を安心させるために、「三重の安全策をしますので御安心下さい。だから行かせてください」とお願いしたのです。

まず、

「一、ボディガードを付けます」

これは、会社の西部長がボディガードとして同行するからと安心してくださいと、母に報告しました。といっても、西部長は名門のおぼっちゃん、長身でスマートな細身で、実は私も本人もボディガードなど務まるだろうか——という心配はあったのです。

母は幾度も私の会社を訪れているうちに何度か西部長のことも見ていたわけですが、「ああ、あの方と一緒なら助かりますね」と、とりあえずここは納得してもらえました。

考えようによっては、屈強な身体で柔の道に秀でていようが剣の道に長けていようが、銃社会のアメリカにあっては、実際のところあまり役には立ちません。西部長には申し訳ないけれど、いざというときに、攻めの闘いはできなくても、息子の「楯」や連絡係にはなってくれるだろう、と母は思ったのかもしれません。

他人に対しても慈しみ溢れる母は、「西部長も御苦労様ですね」と通りがかった西部長に声をかけていました。

「中松組親分」からの注文

さて、二番目の安全策として、私は「防弾チョッキを着用するから、大丈夫です」と母を安心させました。

とはいっても、防弾チョッキの広告もお店も見たことはなく、それに当時はインターネットもなく、実際どこで扱っているのか、それすら、見当もつきません。

しかし秘書にいろいろ調べさせてようやく探しあて、秘書がその店を覗いてみると、そこにいるお客さんたるや、皆そのスジと思しき人ばかり。秘書は逃げ帰ってきました。

そこでその店に電話をすると、低い声で、

「何組様でいらっしゃいますか」

「……?」

何組というのは、そうか、その世界ではよく「組の者」というから、その組のことかと思い当たり、火消しの「な組」でもないだろうから、

「中松です」

と、まっとうに答えたところ、そのとたんに相手が何やらビビっているのが、受話器を通して伝わってきました。こちらはここでまた「?」なのですが、さらに、

「普通のピストルではなく、ライフル銃にも耐えられるような、最強のチョッキを頼む」

と言うと、

「は、はあ……」

電話の声はすっかり裏返っています。

「何なんだ……」とますます「？？？」の私でしたが、何はともあれ、数日後、その防弾チョッキ屋はサンプルを抱えて、赤坂の私のビルを訪れました。

ビルの最上階のオフィスの入り口のドアを、そっとわずかに開け、その隙間からまずおずおずと中を覗き込んでから、キョロキョロしながら入ってくるチョッキ屋の姿がガラス越しに見えました。こちらも店のお客さんたちと同様のスジと思しき風貌でしたが、身を小さくかがめ、さながら鼠男の体《てい》。

私はその鼠男を、手招きして社長室に呼び入れ、そうして鼠男の持ってきた最強の防弾チョッキをいくつか試着し、中でも近距離からのライフル銃弾をも通さないという最も厚いものを選び、購入したのです。

渡米の前日、すべての準備を整えながら、その防弾チョッキを旅行カバンに詰めようとしたのですが、あまりにも厚く、大きい防弾チョッキは、大きな旅行カバンにも収まらず、仕方なく、重いけれど手に持って行くこととなりました。

ちなみに、チョッキ屋の声が裏返った謎も、後日判明しました。

当時大ヒットした東映任侠映画の、岩下志麻扮する主人公のやくざ組の女将に敵対する、極道の中でも最たる極悪非道の強大なやくざ一家、この組の名が、「中松組」。フィクションの世界で泣く子も黙るおそろしいこの名を、実際に自分の耳で「中松」と聞き、やっぱりフィクションではなく「中松組」は実在していたのだと、鼠男のチョッキ屋は本気《マジ》でビビったのでした。そうして部屋に入ると、胸囲百二十センチの分厚い胸をした、恰幅が良く眼光鋭い私の姿を見て、すっかり「これがかの中松組親分だ」と信じ込んでしまったのです。

そういうチョッキ屋のチョッキの防弾効果がどの程度のものか、今考えると些か怪しいところもあるのですが、また結果的にはその効果を試すチャンスがなかったのは幸いでしたが、ともかく私がそうして防弾チョッキを調達し、ボディガードも付けることにしたことで、母の不安は多少なりとも払拭されたようでした。ちなみにこの防弾チョッキは私のフロッピーの発明を天下のＩＢＭにライセンスした記念品として、現在、ドクター中松ライブラリーに飾ってあります。

記者に根廻し

さらにもうひとつ、母を安心させるために、第三番目の策として私が講じておいた手がありました。それは、ニューヨークに到着するや否や、旧知の共同通信の記者に会いに行ったことです。

「これからＩＢＭ本社に赴いて秘密契約を交わしてくるのですが、もし、二時間経っても私が戻ってこなかったら、多分私は殺されているだろうから、すぐに日本に配信してください」

私と西部長は、ニューヨークのヒルトンホテルにひとまず宿泊し、そこにＩＢＭから迎えの車が来る手はずになっていました。

時計は午後二時を回っていました。ホテルの玄関先に到着した、ＩＢＭの差し向けてきた車というのが、黒塗りの車体に窓ガラスも真っ黒。ナンバープレートも見えません。車のドアが開き、私と西部長はそのブラックボックスのような車中に吸い込まれていきました。

滑るように走り出した車の中で、ショーファーに行き先を訊ねたのですが、一言も口をきかず、もちろん行き先も教えません。さすがの私も、母の御宣託はいかにも正解だった――「やっぱり」と思いました。西部長共々、

「ここで二人とも、おしまいかもなあ……」

悲壮感を漂わせながら、目で話し合っていました。

しばらく走った後、車はうらぶれたビルの入り口で、ぴたりと停まりました。

車を降り、入り口から入ろうとした私たちは、そこで入り口の両側に立っていたガードマンにさえぎられ、

「中に入れるのはYｏｕ一人だけだ」

私は「これは私のボディガードだから一緒に」と頼んだのですが、西部長は入れてもらえませんでした。

仕方なく、西部長はタクシーでヒルトンホテルに戻り帰ってくる私を待つことになりました。ひたすら帰ってくることを願いながら――。

ひとりで怪しいビルの入り口から入った部屋には、小さな裸電球がたったひとつ天井からぶら下がり、もうもうたる煙……。その小さな灯りは、部屋いっぱいに充満するタバコの紫煙にかき消され、辺りがボンヤリして中の様子はあまりよく見えません。しかし、その狭い部屋の中に、十名ばかりの人間が長い会議テーブルで長い議論をしていたことがうかがえました。そのメンバーの中には、来日して仮調印した特許担当部長と副社長の姿も見えました。

「ドクター・ナカマツとの本契約を、どう進めるのか」

おそらく私がここに到着するその直前まで、彼らが協議をしていたのであろうことは察しがつきました。

「果たしていったいどうなるのか――」

私も身がまえてキッと相手を睨みました。やがて副社長が私の前に座り、交渉が始まりました。

それから半時ほど経って、ようやく無事、打ち合わせが成立しました。その後IBM本社に赴き、社長と面会して、ここで正式に契約書が交わされたのです。

万事終了。

四時を告げる時報の前に、私は共同通信の記者の前に元気な姿を見せました。そうして一刻も早く、日本の母に、私の無事を知らせ安心させる連絡をしたのでした。

母の深さ

それにしても、よくよく考えてみると、私がやろうとしていることに真っ向から反対することなど、母にはそれまで一度もないことでした。幼少の頃まで遡っても、母が私の決意を止めようとしたのは、後にも先にも、このIBMとのライセンス契約のための渡米のとき、ただ一度だけです。

どんなに周りが反対しようとも、誰ひとり味方になってくれなくとも、母だけは常に私の理解者であり、私の決断を尊重し、そして味方となって援護してくれるのでした。

後年の選挙立候補のときも、そうでした。

妻をはじめ、子供たちも猛反対、知人も「やめておけ」の一斉コールの中で、唯一人、母だけは諸手を挙げて立候補に賛成してくれて、私の新党の名前もアドバイスしてくれたのです。

その母があのように、この件では、キッパリ反対をし、身の安全が担保されるまでは、笑顔で「いってらっしゃい」とは言わなかった——。

それはもちろん生命にかかわることだから、なのですが、単に「大事な息子の生死にかかわる」というだけではなかったと思います。

かつて私が海軍機関学校への入学を希望した際にも、これとて戦場の最前線で指揮官となる運命の先には、命の覚悟も必至ではあったはずなのですが、母はそれでも、私の希望と決意を尊重し、親類縁者の冷ややかな対応があっても、最後まで私の背を押し続けてくれたのでした。

あのときは、私は独身でした。

それゆえ、海軍でも真っ先に前線に送られることになるのですが、それでも母がそれをわかっていて私の意志をあくまで貫かせようとしたのは、もしそこで何かあろうとも、息子が希望することであり、またそれはひとつには「お国のため」の死、名誉の死であるということもあったかもしれません。国家存亡という大事を担う息子に対して、母には、「私情に左右されてはならない」という強い意志があったと思います。

もちろん、息子の戦死を、いくらお国のため、名誉ある死だとしても、それを悲しまない母などいないでしょう。ましてや心血注いで育て上げ、あらん限りの愛情を息子に注ぎ続けてきた母です。その悲しみの深さは計り知れません。

このときは、「それでも」だったのです。

しかし、今。

私には、妻や、そして幼い子供たちがいます。

もし万が一、ことが起きたら――。

そこには、母の悲しみだけではありません。

私の妻や幼子たちの将来。家族のすべてが、私の身ひとつに、かぶさっているのです。

遺された妻や幼子の悲しみ。それを思う母の心の痛み。

自分の感情で動く母ではありません。

母は、私の妻、私の子供たちを想う一心から、それまでには決してなかったいさめに出たのです。

その時の私にとって、何が必要か。

それをいつも考え、そして私に与えてくれる母。それは、あのときも同じだったのです。

あのときの私に必要なこと――私は私の家族を護らなければならないこと。

母はそれを私に教え、与えたのでした。


帰国後しばらく経った頃のこと。私の何かの祝いの席のスピーチで、母は、息子のこの渡米、ＩＢＭとの契約の一件にも触れ、

「これも息子が国際人である証として、非常に喜ばしいことです」

などと話していたことがありました。

顔面いっぱいに誇らしさや喜びを表している母。

凛とした立ち姿で、その当節には全身全霊で心配した顔などはちらとも見せずに——。

あのときの母の血相を変えた顔を思い出すと、何やらおかしさもこみ上げてくるのですが、目の前の母のこの毅然とした美しい横顔に、あのときの母の顔を重ね、そうすると思わないではいられない母のあまりにも寛く深い慈愛に、尽きぬ感謝を、言葉にならない言葉で繰り返していたのでした。

母なる宇宙の中で

My World in the Cosmos

お母様。
ときに、思うことがあります。
折々に、
たくさんの人々に、
祝いの言葉をかけられながら囲まれる私。
「世界一発明した人」として、また、それに留まらず
次々と広いジャンルへ躍進を果たし、
数々の成功を手にしている私。
国際人として、地球をまたにかけて飛び回る私。
そしてさらに茫洋たる未来に突き進む私。
その私の世界には、
広大な大地と、深遠な海、

そしてそれらを覆う、どこまでも続く空があります。
お母様。
私は自分の世界を
そのように言い切る自信があります。
このようにあからさまに自分の自信のほどを言うのは、
これまでに自らが歩いてきた道、
その道々で成し遂げてきた業、それらが在るからこそ、
私には言えるのです。
それが私の大きな自信の根拠。
それゆえ誰はばかりなく私は、
私の世界をかくのごとくに形容できるのです。

お母様。
しかし一方で、どんなに大きな世界であっても、
それは「私の世界」にしか過ぎないことも、
知っています。

「母の宇宙」という、無限の広がりの前には――。
広大で深遠な世界、
「私の世界」はほんの小さなものでしかありません。
そしてそれはまた、
宇宙の中にあってこそ、
はじめて生まれ得るもの。
宇宙に包まれてこそ、
育ち得るもの。
「母の宇宙」と比べ、
私の世界などほんの小さなものにすぎないのです。
私はその宇宙の掌の上で戯れ、
命を吹き込まれ、
ここまで来ました。
その宇宙の懐深くに抱かれながら、
私の旅はまた、
この先もずっと続いてゆくのです。

「小さな命が私の命です」――母より――

私の身体の中に、
小さな命が灯った日から、
その小さな命が、
常に私に
喜びを与え続けてくれました。
幸せをもたらしてくれました。
それは確かに、
宇宙の中に生まれ、
宇宙の中で育ってゆく
小さな命であったかもしれません。

でも、

あなたも知っているでしょう。
その宇宙もまた、
どんどんと膨らみ続けていくことを。
膨らみながら宇宙は生き続けていけることを。
その宇宙はどうして、
膨らみ続け、生き続けていけるのでしょう。

それはね、
小さな命に
エネルギをもらっているからなのですよ。
宇宙は、その自らの懐に抱いている
小さな命から命をもらっているのですよ。
義郎さん。
あなたこそが、
私の宇宙の命のエネルギでした。

あなたの命が、
私の命だったのです。
大切な命のエネルギを
いつも私に与えてくれた
義郎さん、
ほんとうに、　有難う。

そうしてあなたはこれからも、
ずっとずっとこれからも、
私に命を与え続けてくれることでしょう。
なぜなら、
あなたはまだまだ伸びる、
超並《ちょうなみ》だからです。
だから、
「これからもガンガンおやりなさい」

母の決意

商店街のハイカラ・レディ

同居を遠慮する母。

自らが建てた家で、父と二人の生活がしばらく続きました。

しかしその父も、八十八歳になった年に、世を去りました。母は八十三歳で未亡人となったのです。

私が喪主として行った父の葬儀を、母は、

「あなたが隆盛のときで、盛大で素晴らしい葬儀ができてよかった。ほんとうに有難う」

と喜んでくれたものですが、人前では気丈な母も、さすがに長年連れ添い共に歩んだ夫に先立たれ、一抹の寂寥感に心細く思うこともあるのではないか、と心配したものです。

心配でもありますが、しかし、こういう時こそ、チャンス——。

これまで何度も同居をしてはと誘う私の言葉を、母はいつも上手くかわしてきたのですが、この今なら、首を縦にふる可能性もあるかもしれない——。

そう思った私は、葬儀を終え、少し落ちついた頃、いつものように私のオフィスに突然顔を出した母に、切り出しました。

「お父様もいなくなってしまったことだし、お母様が一人でいることを考えると心配でなりません。ここはやはり、私の家で一緒に暮らしましょう」

母の目をじっとここで見つめます。母も、私の目をじいっと見つめています。

(母は、もしかしたら、今度は受けてくれるのかな――)

そういう考えが、一瞬私の脳裏をよぎったのも束の間。

ここで母はまた笑って、

「心配ご無用ですよ。私は大丈夫ですから」

「いや、しかしお母様……」

「あのね、今日はこれからお仕舞のお稽古があるのです。ちょっとその前にあなたのお顔が見たかっただけなのですよ。それでは失礼するわね」

風のごとく、社長室を出て行ってしまいました。

やれやれ――。

またかわされてしまったのです。

「私は、大丈夫」なんて、口先だけではないのかと一度は疑ってみたのですが、あにはからんや。

実際母は、これまで父といつも二人連れ立って出掛けていたお謡いにも、一人でそそくさと出掛けていき、また、お謡いやお仕舞の発表会だのなんだのと、自分が企画したイベントなどせっせとやって、その行動範囲は、父亡き後、ますます広くなっていったのです。

また地元の商店街にも、しじゅう足を運んでいたようです。

東横線学芸大学駅前は、駅から西方向に、百メートルほど行った国道に突き当たるまで、延々と商店街が続いています。駅の出口のもう一方、東口方面にも同じように商店街があるのですが、景気低迷や後継者不足が原因となって、日本各地の地元商店街では、かつての店がシャッターを下ろし、ゴースト化が進んでいることが取り沙汰される中、ここ学芸大学駅前商店街は、いまだに人通りも賑やかで、また居並ぶ商店もお客さんの出入りの多い、華やぎを保っている数少ない商店街のひとつに数えられます。

もちろん代替わりで、かつての店主が隠居して店構えが変わったり、跡地にファストフード店ができたり、母とよく映画を観に行ったユニオン座が都民銀行になったりなどの一部的な変遷はあるにせよ、昔から居住まいを変えない店も珍しくありません。しかしそんな古い店でも、何か独特のセンスの良さがあって、それが未だに地元住民に愛され、中にはわざわざ電車に乗って訪れるお客さんもいるほどです。

そのような店の中でも、母にはとりわけお気に入りの店が、何件かありました。

例えば、ある洋品店。

色とりどりの最新ファッションを取り入れた洋服に、しゃれた帽子やアクセサリー。

もちろん銀座あたりの高級ブティックのようなきらびやかさはありませんが、そうしたいかにも成金趣味の装飾ではなく、清楚な中にもきらめきのある、上品で、しかも布地や糸など素材にも良いものを使っている、いかにも母好みの品々が並んでいます。

また、上質の皮でハンドメイドされたバッグや小物類を置いている店。

母はこうした店に出掛けていっては、あれやこれや試着し、手にとって触ってみて、そうして選んだ洋服やアクセサリーやバッグを、それぞれの色彩や形、雰囲気を考えながら上手に組み合わせ、最新で個性的なファッションコーディネートを愉しんでいたのでした。

　また、間口の狭い店の中にびっしりと商品が並べられた、輸入食料品店。ここなどもかなり昔からあるのですが、ここで母はきっと、ビスケットやプリザーブタイプの天然ジャムの瓶詰めなどを買って、一人のお茶の時間に、あるいは気のおけない来客に、母のこだわりの味覚にも合うお茶受けを用意していたのでしょう。

　その商店街を行く母を、しょっちゅう見かけたという方が、いつだったか教えてくれたことがありました。母はいつもきまって、おしゃれをして、「姿勢を伸ばして凛としてさっそうと歩いて」あちこちの店に入っていくのだと。

　そのお店では買い物だけではなく、店の主や従業員の方と小一時間ばかりおしゃべりをすることもしばしばだったとか。

　そうしていつも、お洒落で小粋なファッションに身を包み、にこにこ、にこやかで華やいだ笑いの絶えない母は、学芸大学駅前商店街の「名物ハイカラレディ」と呼ばれ、お店の人にも、近所の人にも、たまたま出逢った人にも、皆に愛されるアイドル的存在だったそうな——。

　また、母から出前を受けていたというおそば屋さんは、出前の電話の声が若々しく、中年女性からだと思い下馬の家におそばを運んでいくと、そこで「もう九十歳になるのよ」と笑っているその母が、あまりにもしゃんとしてしっかりした物言いで、とてもそんな年には見えずにびっくりした、という話も聞きました。

母は母で、父亡き後は、「独身生活」を謳歌していたのでした。

こう言うと、世の男性諸兄の中には、「それは夫のいない寂しさを紛らわそうとしていたのではないか」とおっしゃる方もいるかもしれませんが、そういう方は、ちょっとここで認識をあらたにしたほうがよさそうです。

「妻二十年、夫三年」

ある生命保険会社によるリサーチデータなのですが、これは、配偶者と死に別れた場合の、それぞれの平均余命です。もちろん多くの場合、夫より妻のほうが若く、また女性のほうがもともと平均寿命が長いという事情もありますが、そういったことを差し引いても、十七年の差はあまりにも大きいと言うべきでしょう。

日本に限らず、欧米でもこの傾向は大なり小なりあるそうですが、それだけ、女性のほうが、相手に先立たれても、いや、言葉は悪いですが、先立たれたゆえに、「それからの人生、ますます元気盛ん」に生きていく力があるということなのです。

母ももちろん、ますます元気盛ん、活動的、行動的に飛び回っていました。

しかしそうは言っても、母とて加齢が進めば、それだけ体力的な負担は大きくなっていくのです。大丈夫と言っても——仮に気持ちは大丈夫であったとしても、体力的には何かしらの我慢もあるはずです。そうそうこのままというわけにはいきません。

ＩＢＭとの契約のために渡米する私の身の安全を、ただひたすら案じ、心配で心配で、いてもたってもいられなかったあの時の母の気持ち。

「もし、万が一――」

その気持ちも、この頃の私には、身をもってわかるようになっていました。

母の背中

その日も、いつものように赤坂のオフィスの社長室で仕事をしていると、「カチャリ」と、入り口の扉が開いた気配がしました。

顔をあげると、案の定、大勢の社員のデスクの間を通って私の部屋に入ってくる母がガラス越しに見えます。

私が手招きをすると、すぐに社長室に入ってきて、

「どう、元気にやっていますか」

その母の声に何か、いつもの張りがありません。

顔色は悪くないし、微かに笑みもたたえてはいるのですが、どこか活気がないのです。

私のデスクの前にちょこんと腰掛けた母は、何かさびしく見えました。

いつもは座るなりしゃべり出す母が、黙っています。

「何かあったの?」

「いえ、ね……。ああ、そうだわ……」

とりとめのない話を始めて、しばらく話し続けていましたが、母は、ふとその話を止め、ふう、と小さなため息をもらしました。そうして、

「あのね、女高師時代の同級生の中で、とうとう、私、ひとりになってしまったの」

母の卒業した東京女子高等師範学校、今のお茶の水女子大学では、「桜陰会」という同窓会があり、その会長をやっている母はよほどのことがない限りは、いつも出席していました。

しかし、年をおうごとに、同期のお仲間が一人減り、二人減り……、またわずかに残った同年代の出席者の方から、しばらく顔を見せないでいたお友達の訃報を知らされることもあったようです。近年は、出掛ける前には楽しみな同窓会も、帰路には一抹の寂しさを抱えながらだったのでしょう。

考えてみれば、母も九十歳。女性の平均寿命の八十六歳を越え、同い年の方々が鬼籍に入られて、母は「ひとり残された者」になってしまったのです。

「そうですか……」

母の寂しさを思うと、どう言葉をかけていいのかもわからず、ただ私は、母の手を握って、

「でも、お母様はお元気で何よりです。お友達の分も長生きしなくてはなりませんよ」

そう声をかけると、

「ええ、もちろんです。私は今のところ極めて健康で、これからもズーッと長生きしそうです」

きっぱりと言う母の顔には、またいつものような、慈愛に満ちた笑顔が戻っていました。

それから、ひとしきりいつものように、ころころと美しい声で小一時間ばかりおしゃべりをして、

「じゃあね」

と腰を上げて帰ってゆく母。

そのとき見送った私の目には、母の背中が、やはり何だかさびしそうに映っていました。

そういえばここのところ、週末私の家に来る時も、駅前商店街のなじみの店のご隠居さんのお葬式に行ってきただの、どこどこの店では主が高齢になって店を継ぐ人もいないから店を畳むことになってしまっただの、昔から仲良くしていたお店の人がしばらく見えないので聞いてみると、「引退」してしまったのだとか……、といったような話を、しばしば母がするようになっていました。

ぽつり、ぽつりと、母の昔を知る人、母が昔から知っている人が、いなくなっていきます。一枚一枚。薄皮が剥がされていくように……。

そういう寂しさの中で、ときにそこに、自らの老いも感じざるを得ない——そういう思いも、いくら気丈で元気な母にもあったと思います。それでも、

「息子や嫁に迷惑をかけたくない」

その強い一心で、一人で頑張る母。

その母の偉大さに、心から敬服し、有難さを思う私ですが、

「あなたの息子は大変心配しているのですよ。そんなに御遠慮なさらずに」

というのが、当時の私の正直な気持ちでした。

初秋の陽《ひ》

蝉時雨の声がつくつくぼうしに変わる頃。

週末の土曜日の夕方。

母はまた、バスに乗って私の青山のマンションにやって来ました。

「元気にしていましたか？」

一昨日、バスで赤坂の会社にひょっこり現れたときとまた同じことを聞きます。

「お母様は、どうですか」

「元気ですよ。そうそう、今日ここに来るバスの中でね……」

ここに来る道すがら、バスの車窓から見えたこと、隣の席に座った人とお話したこと、それは母の定番のお土産話です、
この日も、そうでした。

とりとめのない話の中にも、さすがは母、人並み外れた観察力、色彩感覚、想像力で、見たこと、聞いたこと、感じたことを、鮮やかに描き出すのです。母の話を聞いていると、私も共に母とバスに乗っていたのではないかと思えるくらいに。

そうしてまた、この一週間の間に、母の身の周りで起こった出来事。

仕舞の発表会があったこと、新しく買って読んだ本のこと、商店街の店の人に聞いたこと、御近所に新しいマンションが建ったこと……。

そんなことを、しばらくこの日も、話していました。

そうしてまたふと、母が話を止めました。そうして、

「陽が、短くなったわね……」

ぽつりと言います。

わずかに差し込む夕日を受けて、母の顔は、強い陰影のコントラストを見せています。

さすがに九十以上ともなれば、しわはありますが、母のように頭の良い人は前頭葉が発達しているのでおでこが出ており、そのため皮膚が張っていて、その顔に刻まれるしわも少なく、その少ないしわもまるで樹木の年輪のように滑らかで、美しい曲線を描いているのです。笑うたびにその曲線が優雅に踊るようにウエーブを描いて、それがまた母の美しさを、一層際立たせているのでした。

母はしばらく、笑みを浮かべながら、外を眺めていました。

青山のマンションの最上階の、ガラス張りの部屋。

私が「静の部屋」と名付けたその部屋に、静かな時が流れています。

と、突然、こんもりとした杜の方角から、甲高い鳥の声があがります。

カケスかなにかでしょうか。緑の多いこのあたりは、野鳥も含め、様々な鳥たちの住処にもなっています。

母の肩が一瞬、ぴくっと震えたように見えました。

その顔から、笑みがふっと消えました。

その瞬間に私は、「このことを言わなければ」という一念以外に何も考えられなくなりました。

「お母様。私の家で、この家で、一緒に暮らしましょう」

母はまた、ぴくっと肩を震わせました。

そうして、ゆっくりと私のほうを向いて、じっと私の目を見つめます。

じっと、黙って、私の目を見つめ、それからまたゆっくりと、まぶたを伏せました。

――ああ、また断られるのだろうか……。

ダメモト承知で、もう一度私は同じ言葉を繰り返しました。

「お母様。この家で、ここで、一緒に暮らしましょう」

長い沈黙。

静かな時の流れの中で、わずかに母の唇が、動いたように見えました。

母はまぶたをあげ、窓の外を見遣ります。

陽はすでに落ちかけて、空は薄赤紫に染まっています。

六本木ヒルズ、プラダビル、東京タワー、遠くのベイブリッジの光がきらめいています。

その空を背景に、面長の母の横顔のシルエットが浮かび上がります。

「そうね。そうしましょうね、義郎さん」

九十五歳になった母はそう言うと、静かに振り向きました。

小さく微笑む、美しい母の顔が、そこにありました。

穏やかな日々

空中庭園

足かけ二十年にもわたる説得の末、こうして私の家の住人となった母のために、私は一つの部屋にさらに新しい内装を加えました。

「静の部屋」

この、釘一本打たない天然素材だけでしつらえられた南向きの空間の半分を日本間として、ここを母の寝室として、その部屋の前のもう半分の床面の全部に白と黒の玉ジャリを敷き、コーナーには大きな岩、これは屋上にクレーンを設置して、ガラスを割って運び込んだのですが、ここから水が出る感じの枯山水の庭園を、京都から庭師を呼び寄せてつくらせました。そこに点々と、飛び石を置きました。

かつて、私が幼い頃に過ごした原宿の家で、その庭から母の居る部屋に至る縁側まで、私が小さな足で跳ねるように庭の周りの木陰を伝っていったことを思い出しながら、母がこの飛び石を伝って、私の部屋をはじめ、洗面所や別の部屋に行けるようにしたのですが、ペンタハウスのガラス張りの部屋の中に庭をつくったのですから、まさに世界で一つしかない「空中庭園」です。

日本間には雪見障子、ふすまは赤い竹林とし、床の間にはニューヨークから持って帰った一対のタスクを置きました。

母はこの部屋をことのほか気に入ってくれて、小さく跳ねるようにして、この飛び石の上を伝い歩いていました。

そうして母は、この空中庭園の大きな窓辺に座って外界を見下ろし、「一日中眺めていてもいろいろな人が歩いていて面白いですね」と喜んでいました。

ここは、晴れた日には、遠く横浜のみなとみらい地区までが見渡せる、展望台。東京タワーはもちろんのこと、近くに六本木ヒルズ、それよりさらに近くにプラダなどの高級ブティックビル、クリスマス時期になると街路いっぱいに飾り付けられる色とりどりのイルミネーション。道ゆく若い人たちの笑い顔、足早に脇目もふらず通り過ぎるサラリーマン、ゆっくりとした足取りで散歩をするおじいさん、連れていた犬が立ち往生して途方に暮れている子供……。

母の画家としての鋭く持続的な観察力からは、ごくありふれた都会の市井の風景も、それぞれひとつひとつが母の想像力をかき立て、母の中で絵になり、映像になっていくのでした。

「人々の行動は、面白いものですねえ。一日中、飽きません」

母の口癖でした。こんな風に普通の人なら何も面白いこともない窓からの風景でも、母は自分で面白くするのです。

そんなふうにここでの生活を愉しみ、喜んでくれる母を見ていると、これまでの二十年の「説得戦」がまるで嘘のようにも思えてくるのでしたが、母にとっては、やはりこの二十年というのは、ここに至るためにはどうしても必要な二十年だったのでしょう。

親しい人が少しずつ、母の周りからいなくなっていく寂しさも、母が意を決することとなったひとつの要因ではあったと思います。

一方でまた、母の賢明な配慮――嫁姑の関係という点では、子供たちの成長とともに、子供を巡ってのいざこざなどももはや起こらない時期に来ていましたし、二十年間、週末だけとはいえ、共に過ごすことによってお互いを熟知した嫁姑同士、いさかいを避ける術も知恵も、双方心得た時期でもあるでしょう。

「もうこのへんで」

私も説得の際に、幾度かこの言葉を使ったものですが、母の「このへん」の見極め方にも、その賢明さが表れているように思います。

こうして、新しく始まった、母の穏やかな日々。そして私の妻も、母を親身にこまごまと世話し、母の好物の和菓子を買ってきたりなど面倒を見ていました。母は「片付けや収納もきちんとしていて、常に清潔にしてしっかりしていて、良くしてくれています。お料理も上手ですね」と大変喜んで私に話してくれました。

その穏やかな日々の中にも、母の生来の行動力は衰えることを知りませんでした。

こちらがかの有名な、お母様ですか

その元気な母に、一度だけ私をびっくりさせることが、ある日突然起こりました。

その晩は、私はペンタハウスの自宅に設けた「動の部屋」でモーツァルトを聴いて久々のくつろいだ時間を過ごしていました。

すると突如、音の間から、

「義郎さ〜ん、助けてー……」

尋常でない母の声。

多分、空中庭園からです。

慌てて駆け出し、部屋の扉を開けると、その空中庭園の飛び石に母がうつぶせになって倒れています。

「お、お母様。大丈夫ですか」

「う、う……」

苦しそうにうめき声をあげ、自分では起き上がれない母。こんな母は、今の今まで、見たことがありません。妻が持ち上げようとしたのですが、重くて持ち上がりません。

そこで直ちに私は母の背に回り、両足を母の背をまたぐようにしてふんばり、母の体勢を変えないまま、母の胸に両側から手を入れ、渾身の力で母を水平に持ち上げて抱き上げ、ベッドにのせ、その間、妻が呼んだ救急隊の担架に移して、マンションの自宅専用エレベータで一階までおろし、待機させた救急車に乗せました。

時折苦しそうな息づかいをする母……。

「苦しいですか。もうすぐですからね」

声をかけながら、救急車の中で母の横に座る私の手は、冷や汗で濡れていました。

向かった先はこういう時であればこそ私が信頼する、私の後輩が院長をしている某有名外科病院。

この時間帯にはいつも混雑して渋滞する道路も、この日は運良く、流れていました。間もなく病院に到着し、あらかじめ院長が開けておいてくれていた急患用の出入り口から、母を抱えて、用意されていた担架に乗せ、母は救急治療室に運ばれました。

夜間で勤務医も看護師も手薄のこの時間、院長と院長夫人自らが母の治療にあたってくれました。実に手厚く丁寧な治療で、先ほどまでは血の気のなかった母の顔に、生気が蘇ってきたようでした。

麻酔をかけられてすやすやと眠る母の顔。

それは無邪気な子供の寝顔のようにも見えました。

餅のような肌のはり、艶やかな唇。

どう見ても、九十を過ぎているとは思えない、美しい顔です。

「これがかの有名なお母様ですか。いやあ、お綺麗でお若くていらっしゃる……」

院長も院長夫人も、母を見て、感嘆の声をあげていました。

しかし、運動神経抜群の母なのに、空中庭園の踏み石を踏み外し、うつぶせに倒れて、額と胸をしたたか打って、口もきけずに動けなくなっていたのです。どんなに元気にしていても、九十五という年齢のその重さを侮ってはいけないと、私自身反省もしました。

そのときの院長の診断で、母は額を縫い、二週間ほど、入院することになりました。

母には慣れない入院生活。また、母のことですから、病院の方たちに対しても何かと気を遣っていたのでしょう。見舞い客が訪れても、疲れてしまって大人しくしていた母ですが、私が行くと、子供のように全身で喜びを表すのです。面会時間が終わって帰ろうとすると、子供の泣き顔のような表情をして、行かないで、と目が訴えているのです。

「また明日、来ますからね」

そう言うと、にっこり笑って、手を振る母。

穏やかな日々の中に起こった、突然のアクシデント。

退院後の母は、空中庭園の飛び石を、それからは注意深く、ゆっくりと歩いて、自分の部屋から私の部屋やリビングに行き来していたのでした。

いざ、選挙戦

世界は見える世界と見えない世界があります。だから見える発明と見えない発明もあるはずです。エジソンは機械などの見える発明しかしませんでしたが、私はエジソンがしなかった見えない発明もやろうと決心しました。

見えない発明の中で、「政治」はきわめて重要なテーマです。

私は、「二十一世紀の地球都市を発明する」をスローガンに、立候補を表明し、選挙戦を戦いました。

私が立候補する前に、まず家内に相談すると、「あなたは地位も世界的名誉もお持ちの上、お金持ちです。何を今さらそんな事を」と猛反対。知人の新聞記者に意見を聞くと、「やめたほうがいいですね」。その他友人たちも口々に「くだらんことはやめておけ」――。しかし反対の理由も、みなはっきりしないのです。

その中で、唯一、母だけが、文句なく即座に諸手を挙げて大賛成してくれたのでした。

そうして母は自ら、私のつくった黄色いドクター・中松Tシャツを着込み、黄色い旗を振って、東横線・学芸大学駅前の広場で、声をあげて、

「ドクター・中松を宜しくお願いします」

と、私とともに、選挙戦の最前線に立ってくれたのです。そうして「あなたは演説がとても上手になったわね」と激励してくれるのです。

もう一人、私の立候補に賛成してくれる人がいました。

それは、海軍兵学校の同窓会に出席したときのことです。

その中にはハワイ真珠湾攻撃の航空参謀で有名な源田実大佐や、レイテ湾作戦で戦艦大和座乗の司令官・栗田中将の側近、野村参謀など歴史に残る人物がキラ星の如く集まっていましたが、その中でつかつかと私のところに微笑みながら近寄ってくる紳士がいました。これも歴史上有名な人物であることが、後でわかりました。

その人の名は藤村義朗中佐。戦中はヒトラーのベルリン駐在武官も務めた人物ですが、ベルリン陥落後スイスに移り、日米和平工作をした歴史秘話の主人公だったのです。

ドイツの二重スパイ・フードリッヒ・ハックの進言で、ドイツが降伏した時が日米和平交渉のチャンスと、藤村中佐は、ハックの手引のもと、アメリカの諜報機関ＯＳＳの責任者アレン・ダレスと何度も交渉を重ねます。

「満洲も朝鮮も樺太も従来通り、日本領でよい。台湾は蒋介石と相談して決めてくれ。すぐ日本政府の代表を呼んでくれ。直ちに和平したい。急いでいる」

藤村中佐は、なぜアメリカが日本との和平を急いでいるのかわからなかったそうですが、私の推測では、このとき、時のアメリカ大統領フランクリン・ルーズベルトが重篤な状態にあったことからだと思います。

藤村中佐は即座に日本に暗号電報を打ちます。

「米要人アレン・ダレスより申し入れあり。直ちに軍令部から人を寄こしてほしい」

と、藤村中佐の親しい人脈の海軍幹部数名に打電しました。しかし日本は当時、連合艦隊が健在であり、日本はアメリカに勝てると信じていましたから、海軍軍令部からは一向に返答がありません。その後もソ連軍のドイツでの動きをキャッチした藤村中佐は、日本への打電を繰り返し行いますが、その結果送られてきた日本からの電文は、「ダレスの和平工作は敵側の戦略であるから注意せよ」。それでも、藤村中佐は、情勢分析と和平工作の暗号電を打ち続けますが、日本から反応はかえってこないまま、八月六日に広島、九日に長崎への原爆投下——。

そしてポツダム宣言。これを受諾するかどうかで御前会議で協議している日本から、スイス滞在中の藤村中佐のもとに、国際電話が鳴ります。電話の主は、あのとき藤村中佐が一所懸命に打った電報の宛先のうちの、軍令部の一人でした。

「藤村君、あれ、あれ、あれは、どうなっているかね？」

「あれ」とは、ダレスとの和平交渉のことです。

「百日遅い！」

横にいた藤村中佐の協力者、二重スパイ、ハックの罵声が飛びます。

もはや時、既に遅し——。

意外な結果の終戦。落胆した藤村中佐は他の多くの海軍将校と同じように死を考え、青酸カリをポケットにしのばせて、死に場所としてイタリア国境近くのベルニーナの町に向かいました。ここで広大なアルプスの、生気に満ちた自然を目の前にし、「生まれながらにして先人の恩恵を受けて生きる人間が、その恩恵に報いることなく死するは、いわば食い逃げである」という、愛読書の一節を思い出し、「これからは祖国復興のために働き、戦争で亡くなった人々に報いるべきではないのか」と、生き続ける決心をしたのです。

そうして帰国後、露店商をやったり、様々な苦労をされたのでしたが、昭和二十三年四月、「ジュピターコーポレーション」という会社を創立。宇宙、航空、原子力、電子、電気、流体に関する装置や機材、部品、原材料を主として取り扱う貿易流通部門と、製造・修理部門を併せ持ち、中でも航空機用シミュレーターに関しては日本でも屈指の実績をもつ企業のビル兼自宅が、偶然にも私たちの青山・表参道のマンションからすぐのご近所だったのです。

藤村さんがそうした事業を営むのも、志は常に海軍以来の「日本のために」という思いがあるがゆえ。「日本をよくするためにはどうしたらいいか」——それを常に考え、主張し、そうして実践を続けている私に、その志を同じくしている藤村さんが感銘したのです。

藤村さんからはいつも「弟のように思っている」と言われていました。カリフォルニアの工場をわざわざ私に見せ、元ルーズベルトの別荘だったカリフォルニアの自宅にも私と妻を泊めてくださるような、家族ぐるみのお付き合いでした。私がニューヨーク世界発明コンテストでグランプリを獲ったときには藤村さんは大陸を横断して駆け付けて、ニューヨークでお祝いの会食をして下さいました。また、私が渡米の際に行ったロサンゼルスのあるレクチャーでは、十人のテーブルチケットを買い占めて、大勢の友人を集めて聴いてくださったことなど、多くの想い出が次々と蘇ってきます。

実はこの頃すでに、藤村さんの身体はガンに蝕まれ、御自身の遺志を継ぐに相応しい人物を探していらしたのでした。お目に掛かったときに藤村さんは、私を見て、「これは日本の復興を託すべき人物だ」と考え、その後有力な知人と「中松先生を総理大臣にするにはどうしたらよいか」と会議を重ねていたということを、後にその知人から聞きました。

そうして間もなく。一九九二年三月、藤村さんは波乱に満ちた生涯を閉じられたのでした。その最後は、帝国軍人が戦死する直前に必ず言う言葉、「天皇陛下万歳」とベッドで叫ぶ壮絶な死でした。

その藤村さんが、自分が最期の時を迎えようとしているとわかったとき、病院から私に、「日本を建て直してほしい。そのためにどんな協力が私にできるか」というFAXを送ってこられました。そのFAXを手にした私は直ちに病院に行き、私が医学博士としてできる限りの対策を立てたのですが、ついに藤村さんは、帰らぬ人となったのです。私は藤村さんの遺言をしっかりと胸に抱き、この遺言を実現するために、新党を結成することになります。

選挙はいわば、藤村さんの弔い合戦でもあります。

この頃になると、反対していた妻も、ようやく私の決意の固さ、熱意のほどを理解してくれ、その後の選挙では私に協力してくれたのです。

さて、ここで藤村さんの遺志を実現するための、新しい政党の名前をどうするか——。

いくつかの名前候補を挙げ、実際にカードに書いて並べてみました。

「政治発明党」……政治を発明するのだという意味がそのものずばりという点で、わかりやすく、これは私と一緒に「ミサイルUターン」を研究していた、東大航空学科出身のM東工大教授もすぐに賛成しました。

「発明政治」……「党」は古いのではということから、「党」を取った名前を考えました。

この二つに絞ったのですが、さて、どちらにしようかと考えて、下馬の家に母を訪ねました。じっと私の話を聞いていた母は、直ちにズバリ、

「『発明政治』です」

母曰く、「党」は徒党を組む党でもう古い、その上「政治発明党」の名は「政治」と「党」が同じ意味でだぶるという理路整然たる明確な答えで「まだこの年でも母の頭はシャープで衰えていないな」とつくづく感心ました。

四文字で語呂《ごろ》的にも綺麗で、字数が最も少ない、

「発明政治」

がよい、というわけです。

植物学や産物など難しい勉強も七五調にしてしまう母の、言語感覚と美的感覚。これにまさるものはないと私も脱帽。私は十人の候補者を集め、力強く政党名を「発明政治」と登録し、選挙戦に突入しました。

その後繰り広げられた激しい選挙戦。

母はここでも、あの戦時中、空襲から家を護った「武田信玄」さながらに――また、東京女高師時代のバスケットボールの選手として走り回る「遊軍」を思い起こさせるほどに活躍します。

選挙戦では将軍は私ですから、母は戦いの場ではその将軍に常に付いて離れず、本陣を護り、九十四歳にもなろうという年齢とは思えない逞しさで、お手伝いさんとお揃いでドクター・中松の黄色いTシャツを着て、選挙戦の遊軍志士として、選挙カーの周りで獅子奮迅の大活躍をしてくれたのでした。

その後も私の選挙には、ほんとうにたくさんの方々が手弁当で集まってくださって、私の信条「お金を使わない選挙」も常に、見事に全うすることができました。ほんとうにその皆さんがたには感謝の一念です。

立候補に際して母以外では唯一人、賛成してくれた藤村さん――「総理になって、日本を再建してくれ」と、志を同じくし、そして歴史の大きなうねりの中に身を投じ、人生の奥義を知る藤村さんと、母の二人が、他の人が反対する中にあって即座に諸手を挙げて賛成をしてくれたこと。

そうしたことがあったからこそ、私は闘い抜くこともできたのです。

いつも、そのとき私に最も必要なものを、惜しみなく与えてくれる、母。

還暦も過ぎた私は、この時も、その母に、九十四歳の母に、元気づけられたのでした。

千代に八千代に

還暦といえば、ちょうど私が還暦を迎えた一九八八年の春、母は綺麗な毛筆で歌をしたため、私に贈ってくれました。

のぼり竜
のぼりのぼりて
六十《むそ》の春

芳野

辰年生まれの私を竜に喩え、それも、

「竜にはのぼり竜とくだり竜がいるのですが、あなたは、間違いなくのぼり竜です」

と言い添えて、この歌を詠んで還暦を祝ってくれた九十の母。

この母の歌へ、私の返歌は、

我が業績《なり》を
欣《よろこ》ぶ九十《くじゅ》の母にまた
孝行《つく》し孝行《つく》さん
千代に八千代に

母の長寿をお祈りして 義郎

母に対し、私は、常日頃、いくら孝行してもまだまだ母への孝行は足りないのではないかと思いながら、それゆえまた一層これからも、一所懸命に孝行します、と母に誓ったのでした。

このように母と私は、しばしば、歌を詠んでは贈り、贈られてはまた歌を返しました。そして、普通の電話や手紙では味わえない知性溢れた通信を、愉しんでいました。

季節の巡るごと風景の移ろいはあっても、いつも変わらず、そこに母がいました。そこにいていつも慈しみ深く私を見守り、惜しみなくいつでも深い愛を与えてくれました。私の光りとなってくれました。

私にとっては、母はどこまでも母、母にとって私は、どこまでも母の子でした。

そして還暦をとうに過ぎてもなお、未知の世界に突き進む私。

その私が喜寿を迎えた日にも、百歳になっていた母は、私に祝福の言葉を贈ってくれました。母のお謡いのときの、艶のある声、強くしっかりとした透る声で、その言葉を贈ってくれました。

その言葉こそが、

「あなたは、まだまだ伸びる、

超並《ちょうなみ》です。

ガンガンやりなさい」

だったのです。

今でも、その母の声は私の耳に、しっかりと届いてくるのです。

私はこの「ガンガンやります！」を、私の選挙のスローガンにしました。

そうして今も、母と私は変わらず、歌を詠み合い、言葉を交わし合い、言葉を贈り合っているのです。

The Last words of My mother to me

「あなたはまだまだ伸びる。ガンガンおやりなさい」

それは、
私の誕生日を祝う言葉でした。
齢《よわい》七十の子に、
百のお母様が贈ってくださった言葉でした。
そうしてそれは、
お母様のお声で贈ってくださった、
最後の言葉にもなりました。

あれから十年――。
この言葉を戴いたとき、
樹齢七十年の年輪も、

まだまだ、大樹には及ばないと、
一輪、また一輪と、
年輪を重ねてまいりました。

お母様。
それでも私は、
まだまだ、です。
私の傍に寄り添うように立つその大樹が、
あまりにも大きすぎるのです。
その大樹を超えることなど、
私はまだまだできません。

しかしこれからも、
お母様、
お母様のおっしゃった

「あなたはもっと伸びる」
その言葉通りに、
春になれば新芽を吹き、
秋になれば色鮮やかな装いを見せながら、
確かに、一輪一輪、
太く大きく伸びてゆこうと思います。
きっといつまでも、
その大樹に見守られながら、
私は、ガンガンやり続けます。
そして伸びてゆきます。

「いつも見守っていますよ」

――母より――

義郎さん。
私があなたにあの言葉を贈ってから、
あなたはいつもこの言葉を胸に抱いて、
この言葉通りに
「ガンガン」
やっているようですね。
ちゃあんと見ていますよ。
私はいつも、全部、
見ているのですよ。

あなたにだって、
苦しいときもあります。

悲しいときもあります、
人間なのだから。
それでもあなたは、
いつも真っ直ぐに
大空に向かって、
ガンガン伸びようとしています。
そうしてほんとうに、
グングンと伸びていっています。
私はそれを、ちゃんと見ています。
いつかもっと大きな年輪を重ねた
あなたの周りで
もっと大勢の人々が手を結んで、
その大きな極太の幹を囲みながら
みんなが幸せになれる日が、
きっとやってくるはずです。

義郎さん。
繰り返し言います。
何度でも言います。
「あなたは、
まだまだ伸びます。
あなたは超並です。
ガンガン、おやりなさい。
いつも、見守っていますよ」

第5章

祈り

Remember My mother in my Prayer

母の卒業式。
花々に囲まれた母に
大勢の方が
語りかけました。
その模様を
ビデオ録画する装置を
取り付けた祭壇を発明。

絶やさぬ祈りに

I've long continued My prayer, but……

お母様。
私は、幼な子の頃から
ひとつの祈りをずっと、
捧げ続けていました。
「神様、
どうか、
お母様が、永く永く、永く永く、
美しく健やかに、長生きできますことを」
私の幼い心に
いつも心離れることのない願い。
それは何をおいても、

母の命、
母が一日でも長生きできること、
そうして私が一時でも長く、
母とともに生きることができること。
その想いからこの祈りができました。
それを私は、
この祈りが生まれた時から数え、
七十年近くもの長い長い歳月にわたり
一日たりとも欠かさずに、
必ず眠りに就く前に、手を合わせて、
静かに強く、唱え続けてきたのです。

六歳の春。

原宿の坂上に建つ家から、その坂道を下ったところにキリスト教会があり、同じ敷地内には附属の幼稚園がありました。

母に手を引かれ、初めてその幼稚園の門をくぐった日。

幼稚園の園長に早速にも、「お祈りの言葉」を教え込まれました。

「天にまします我らの父よ、
願わくば御名《みな》の尊まれんことを。
御国《みくに》の来たらんことを。
御旨の天に行わるるごとく、地にも行われんことを。
われらの日用《にちよう》の糧を、今日《こんにち》われらに与え給へ。
われらが人に赦す如く、われらの罪を赦し給へ。
われらを試みに引き給はざれ、
われらを悪より救い給へ。
アーメン」

まだ小学校にもあがらない子供に、御名だの御国だの、わかろうはずもないのですが、教会附属の幼稚園ですから、「イロハ」よりも先に、この「主祷文」の祈りを学ばせ、幼稚園の食事の前には必ずこれを唱えさせるのです。

手を胸の前で組み、眼を伏せ、舌をもつれさせながらも素直に敬虔に「てんにまします、われらのちちよ。ねがわくばみなの……」と声を合わせる園児たちに交じって、私も共にこの祈りを唱えてはいたのですが、幼心にも、その敬虔な行為と自分の心の中にあるほんとうの願いや祈りが、ちぐはぐになっていることに気づいていました。

自分のほんとうの気持ち。どんなことを最も願い、どんなことを何よりも祈りたいのか。それは決まっています。

「お母様が、どうかずっとずっと、元気で長生きできますように」

美しい母。まだ若い母。しかし子供は子供なりに、承知しているのです。母は子より永く生きることはあり得ないこと。だからいつしか、自分にも母と別れる日はやってくるであろうこと。何十年も先のことであろうとも、それは必ずや現実の時間の中で起こること。私の眼の前に、その瞬間《とき》がやって来てしまうであろうこと。

そんなことも、わかっているのです。

だから、その瞬間は少しでも遠いところにあるように、そうして一時でも長く母といられるように——。

「それなら、自分のほんとうのお祈りをつくろう」

そうして、私の新しい祈りができ上がりました。お祈りの発明です。

幼い子どもの幼い言葉遣いであっても、その祈りには、どんなに美しい言葉に飾られた祈祷文よりも、真摯で切実で、誠実な思いが込められているのです。

「お母様が、どうかずっとずっと、元気で長生きできますように」

お母様。
私のその祈りは、
果たして神様に届いたのでしょうか。
「あの日」を迎えたときには、
私の祈りは、
神様にはきき入れてもらえなかったのでしょうか。
なにしろお母様は百歳の長寿者表彰式の時も、
そして我が家族での誕生会でも、
御自身で、
「あと二十年は生きられる」と元気におっしゃっていた。
それなのに、まだ百一年目を迎えたばかり。
お母様の命、お母様の生をと祈り続けた願いは
どうなってしまったのでしょうか。
でもお母様、
お母様は、

いつも、いつも、
私のことを思い、
いつも温かい眼差しを向ける、
そして誰に対しても慈愛を注ぐ人でした。
お母様。
私の祈りは、
何十年もの間に幾重にも重ねられた祈りは、
天に届いていたのでしょうか。

「あなたの祈りに、感謝します」

——母より——

義郎さん。
あなたの祈りは、
ちゃんと神様に届いていますよ。
それはきっと、確かですよ。
だって、そうでしょう、
百二十歳まで生きるつもりだったけれど、
百一歳ですよ。
ずいぶん永く居られたではありませんか。
ずっとずっと、あなたと永く永く、
過ごせたではありませんか。
元気に、思う存分生きながら、
そうして
あなたを見守りながら、

あなたに見守られながら、
私は幸せでしたよ。
これもあなたが何十年も欠かさず、
真心から祈り続けてくれたお陰ですよ。

有難う。
あなたの祈りに、
心から感謝していますよ。

私の人生は、
ほんとうに、ほんとうに、
幸せでした。

その日まで

師走の風

私の選択

一九九九年初冬。

その年の十二月にアメリカでの幾多もの予定を抱えていた私は、それを目の前にしてまさに疾風のごとき日々を過ごしていました。

ペンシルバニア大学大学院ウォルトンスクールのMBAコースは、ハーバード大学やスタンフォード大学を抜いて世界で一位にランキングされており、ここで私は例年講義を行っているのですが、その年もそこでの講義を行うことになっていました。それに加えて、コロンビア大学大学院エンジニアリング・アンド・アプライドサイエンス（工学及び応用科学部）におけるレクチャーと、それに付随して、数日間に及ぶ教授会もスケジュールに入っています。

さらに、ペンシルバニア大学教授仲間の一人で、私のファンで親友のドクター・ブラハ――この人はテキサスに自分の石油会社を持っている経営者でもある学者で、彼の希望で彼と私が客員教授として東大工学部システム創成学科（石油工学科）の教授、助教授、助手に特別レクチャーを行ったという仲なのですが、その彼と、クリスマスにニューヨークで会食をしようと約束をしていたのです。

さらに、もうひとつ。私のペンシルバニア大学の教え子で、東大理学部を卒業後ペンシルバニア大学に留学し、私の授業に熱心に参加していた若者がいたのですが、優秀で人柄もよいことから、私が見込んで、私の娘とニューヨークのレストランで見合いをさせることにしていたのです。その日時も場所も既に決まっていました。

そんなわけで、娘、家内も同行し、それに二人の息子もともなって、アメリカで年末を過ごそうということになったのです。

これまで私の家族旅行には国内外問わず、いつも母の姿があったのですが、今回はさすがに長期の海外滞在でしかも移動も多く、百一歳の母にはさすがにハードな旅程。母はこの一家総出の旅の留守もりを、自ら買って出たのです。

私も無理に母を同行させるのも憚られ、母の思う通り、留守番を頼むことにしたのですが、それにしても、長期不在の留守宅に母がたった一人というのも、大変心配なのです。

「私は大丈夫ですよ」

百一歳とは思えない行動力を相変わらず発揮している母を見ていると、母の言う通りかもしれないと思う一方で、いつぞや、母が空中庭園で飛び石を踏み外して倒れて、私の助けを呼んだ一件のときの反省もあります。

考えた末、もし万が一にでも母の身に何かあっても、すぐに適切な対応対処ができる場所として、私の留守中、病院に母を預けることにしました。

といっても、どこかに病気をもっているわけでもない母を預かってもらう、つまり病人でない母を入院させるとなると、規制のやかましい国公立病院等では難しく、融通の利く民間の病院で、しかもきれいで衛生的で、快適な環境の整った病院を探すことにしました。

外遊前の準備で多忙な私にかわって、妻が見つけ出してきてくれた病院は、まさにそうした希望をすべて調えたきれいな病院で、ここなら母も安心して過ごせるだろうと、私もみて、その病院に決めました。

アメリカの大学院での講義はいつも、未来を担う若人たちの活気に溢れ、講義する私自身にとっても、英語の講義原稿やスライドを準備することがまた、新しいインスピレーションを生む活力のひとつとなっていました。ペンシルバニア大、コロンビア大、その他にもハーバード大、ＭＩＴと、往き来の多い、立て続けのぎちぎちに詰まったスケジュールも、仕事とはいえまるで愉しみな山登りのように、心をわくわくさせます。

ドクター・ブラハとのゴージャスなクリスマス・ディナーにも、心躍ります。

娘の見合いもまた、年頃の娘をもつ父親にとっては、相手が私の教え子でお眼鏡にかなった男性なので、これはもう、大いなる望みの託されるところです。これでうまくいけば私は、娘が万が一にもどこの馬の骨ともしれない男を連れて来て「結婚します」などという怒り心頭の目に遭う心配も、せずに済むのです。見合いの場所として、ニューヨーク五番街の一流レストランに予約を入れ、こちらも準備万端ととのえてありました。

だから、万事、これですべてうまくゆくはずでした。

師走に入って間もなくの日。

母を預けた病院に寄り、いつものように元気でぴんぴん、動き回っている母に、出発の挨拶をしました。

部屋を出る私たちに、にこにこ手を振って見送る母。

「気をつけてくださいね」

「私は、大丈夫ですよ」

――これが元気に立ち振る舞う母の姿を見る最後になろうとは、そのときの私には、思いもよらないことでした。

突然鳴った自動車電話

成田発ニューヨーク行きの飛行機に乗るため成田空港に向かっている私達のベンツの自動車電話が、突然けたたましく鳴りました。

「いったい、何だろう。大学か、いやあるいは見合い相手の至急の要件だろうか」

そう思いながら、受話器を手にしました。

「……」

その瞬間、車窓から見える風景も高速道路の騒音も、すべて消えました。握っていたハンドルの感触も、妻や子供の気配も、何も感じられなくなりました。

五感すべてが、私を置き去りにして、消え去っていってしまったのです。

「何があったんです?」

妻や娘の声で我にかえった私は、電話の内容を、手短かに話しました。

一家、驚愕の表情――。一瞬、時計が止まり、車内が凍りつきました。

「母、危篤」

未来を背負ったエリートの若者たちでもなく、将来娘婿になるかもしれない希望に溢れた若者でもなく、気心知れた教授仲間でもなく、師走の風が吹きすさぶ中で私を出迎えたのは、あまりにも一方的な運命の知らせでした。

「どうしたら、いいのか――どうすべきなのか」

一瞬感覚の麻痺した頭と心。それでも、ここで私には考えなければならないことが、実にたくさんありました。

ペンシルバニア大学院での講義。コロンビア大学院での講義と、教授会。

これらのキャンセル、しかもドタキャンですから、その後の善後策、私が欠けた分をどうやって補填するのか、それも考えなければなりません。

もし運良く、カバーする手段が見つかったとしても、私のドタキャンという事実は変わりません。私の信用に大きくかかわることなのです。契約社会のアメリカにあっては、こうした行為がその後、命取りになることも、覚悟しなければなりません。

教授仲間の石油王の、真心からの招待。これを断るのは、不義理というものです。

娘の見合い。それは私的なことではあっても、相手のあることです。見合い相手も、多忙の中を万障繰り合わせて、日程その他、こちらの都合に合わせてくれたのです。レストランの予約も、このクリスマス前のそれでなくとも立て込んだ時期に、無理を通して、席をとってもらったのです。こういう「縁」というものには、何かわからない大きな力が働いているものです。それは、私の結婚に際して、自分自身が不思議な経験をしたことを通して、つくづくと感じたことでした。今その大きな力に逆らう行為に及べば、すべてが終わりになる、この同じチャンスに恵まれることは、きっとないだろう……私にはそう思われました。

ここで引き返すことは、これまでに私の築きあげてきた城を、自ら一気にことごとく、この手で、打ち砕き、崩し去ることになるのではないか——。

そうしてひとつ、引っかかっていることもありました。

娘が最近、ひとつの指輪を、母からプレゼントされた、と言っていたのです。

母は、孫たちに、誕生日やクリスマス、また入学や卒業などの節目のときには決まってプレゼントを用意してくれていましたが、突然に、何かあるわけでもないタイミングで、しかも自分の持ちものをプレゼントするなど、これまでにはなかったことでした。

指輪。母が大事にしていた、それもまた母らしいセンス、最高級の石でデザインも精緻で個性的なその指輪は、母そのものといえる美しく眩しい輝きを放っていました。

西洋には、花嫁は、「サムシング・ブルー」「サムシング・オールド」を身につけて挙式に臨むならわしがあるといいます。サムシング・ブルーとは、何か青いもの、リボンや下着に青色をあしらったりすることが多いそうです。そして「サムシング・オールド」。これは花嫁の家に代々伝わるものであったり、祖先に由来するものであったり、あるいはもっと近しい祖母などから分けてもらった贈り物——多くは、アクセサリーの類いでしょう。

これらは、花嫁の未来の幸福を願い、祝福するその象徴なのです。母はそれを意識して、そうして妙齢になった孫娘に、その日のために——その日に身につける「サムシング・オールド」としてその指輪を贈ったのでしょうか。

それとも母は、もしかしたら、自分に残された時間を思い、そうして形見分けのつもりで孫娘に指輪を託したのでしょうか。

母の思いがいずれにしても、それは激しく私の心を揺さぶるものでした。

もし前者なら、ここで娘の見合いを成就させることこそ、母の気持ちを尊重し、その意志を実現させることになるのではないか。そんな考えもふとよぎります。

私の信用。相手への義理。娘の将来。

私のつくりあげてきた、世界。

それらを危機に陥れてでも、ここで予定をキャンセルすることを、母はほんとうに喜ぶだろうか——。

目を閉じ、黙っている私を囲んで、家族たちは皆、私の決断を待っています。

一言も何も言わずに、ただ私の言葉を待っています。

思い惑う間にも、母の危機は迫っています。刻、一刻と。

時計の秒針が時を刻む音だけが、その空間を支配していました。

「生きていてください」

私の世界——?

でもそれは、母の宇宙ではぐくまれ、母の宇宙でこそ膨らんだ世界ではないのか。

母なる宇宙がなければ、生まれ出づることすらなかった世界。

ちっぽけな星屑に終わっていたはずだ——。

どれだけの時間が過ぎていたのでしょうか。

「引き返そう」

私の言葉に家族は皆顔をあげ、うなずきました。

そこからが、大変でした。

すぐさま私は、ベンツの自動車電話からアメリカに国際電話をかけ、事情を説明し、非礼を詫び、必要な諸手配をし……、それぞれがとてもそんな簡単な言葉では言い尽くせない煩事と、ねじられるような心の痛みを伴い、それでも、なんとか了承を得たのでした。

ペンシルバニア大教授仲間の石油王には、ひたすら不義理を詫び続けました。

そうして、娘の見合い相手にも、断腸の思いで電話を入れ——、そこで娘の結婚は白紙に戻されたのでした。

そして五人分の航空チケットのキャンセル。

私たちはUターンして、今通って来た高速道路を猛スピードで引き返しました。

「急げ、もっと急ぐんだ」

最新のベンツも、大きい車体を揺らしながらゆっくりと走る蒸気機関車のように感じられます。窓から見える風景も、ちっとも動いていないように見えました。

「お母様、生きていてください」

その言葉だけが、私の中で繰り返されていました。

とにかく、「生きていてください」――「間に合ってくれ」ではなく、「生きていてください」。

「間に合って」も、仕方がないのです。その先がなければ、たとえ間に合っても、意味がないのです。

生きていてくれさえすれば、その先はなんとかなる、いや私がなんとかできる。だから、

「生きていてください」

なのです。

致命的なミス

真っ暗な背景の中で一筋だけ闇に浮かび上がる道路を駆け抜け、車は母がいる病院に滑り込みました。

そこには、身体中管に巻かれ、苦しそうな息で力なくベッドに横たわる母がいました。

「いったい、何が起きたのです？　あんなにぴんぴんしていたのに……」

医師の説明——といっても、何をきいても、私としては不完全としか言いようのない曖昧な説明しか返ってこないのですが、要するに母は、いわゆる院内感染——病院内に棲息している邪悪な菌にとりつかれ、急性肺炎を起こしてしまった、ということがわかりました。

明らかに病院側に問題があったのです。それなのに、

「もう、手の施しようがないのです」

と、一点張りの要領を得ない医師と「どうしてもっと早く手を打たなかったのか」と問答する時間も、もったいない。とにかく、もっと医療設備の整った病院に母を搬送しなければ——。

ところがここで、救急車で搬送しても助からないから、救急車は手配しないと、またその医師は言い張るのです。

——つまり、事実を隠匿しようってことか。

私も医学博士。事態は飲み込めました。

私は母のベッドに走り寄り、母の手を握りながら、

「お母様。私が助けに来たので、もう大丈夫ですから、御安心ください」

私は、自らの人脈を使って、消防庁と著名大学に連絡し、救急車を至急手配しました。

母を乗せた救急車はほどなく、私の指定した著名な大学病院のＩＣＵ（集中医療室）に直結した入り口の前に着きました。もう真夜中の時間でしたが、特別に呼んで来てもらった教授の手で、即座に緊急手

術が行われることになりました。手術室の前に続々と集まり、円陣を組むように私を取り囲む教授医師や助手たちを前に、私は先の病院で聞いてきたこれまでの母の病状の経緯や、それに対する私の所見、今母にはどのような施術が必要かといったことを説明しました。医師たちはうなずいて、そうして手術室に入っていきました。あとは、教授の腕に任せるのみです。

暖房の落ちた病院の廊下。しかし寒さは感じませんでした。

そこでただひたすら、私は祈り続けていました。

今、自分ができるのは、祈ることだけ。

幼い頃からずっと続けてきた祈りの言葉しか、今の自分の心の中に浮かぶものはありませんでした。

「神様、どうか私の母を助けてください」

あたりも白みかけてきた頃――。

手術室のランプが消え、青い手術服を真っ赤な血で染めて、教授が出てきました。

その目も、真っ赤にはれています。

「手術は成功しました。一命、とりとめられましたよ」

「……有難うございます」

言葉が詰まって声になりませんでしたが、深々と頭を下げて、移動ベッドで運ばれてきた母と対面しました。

まるで何事もなかったように眠る母。

それから病室で眠り続ける母を、私は見守り続けていました。

蘇る安寧の時空

その日から。毎日私は、そこに居られる限りの時間を、母のベッドの傍らで過ごしました。何しろこの十二月いっぱいはアメリカで過ごす予定でしたから、日本では何の予定も入れていなかったので、時間はたっぷりありました。

意識の戻らない母の傍らで、それでも母が生きているということだけで、充分でした。

時に母に話しかけたり、そうして手を握ったり……。

不思議なことに、聞こえていないはずの私の声に母は反応して、うなずくような仕草をしたり、ふっと口元に笑みがこぼれたりするのです。

そうして私が握った手を、ぎゅうっと、握り返してくるのです。

その力は、そこに意識なく眠っている人だとは思えない力強さで、思わず私もびっくりしたほどです。

母と息子の時間――。

これが、永遠に続けばいい――。


数日後、母はようやく目を覚ましました。

呼吸器のマスク、チューブで身動きもとれず、話もできない状態ではありましたが、それでも母の目は、きらきらと、以前と変わらぬ生気に満ちていました。

「もう、だめです。手の施しようがありません」と、先の院内感染の病院の医師はそう言い放ちましたが、しかし今、少し目覚めては、疲れてしまうのか、また昏々《こんこん》と眠り、そしてまた目覚めては眠るというサイクルを繰り返しながらも、確かにそこに母は、生きているのです。私のすぐ傍で——。

目覚めているときも、すでに他の人にはこれといった反応も示さなくなっていた母ですが、私にだけは笑いかけ、そして酸素マスクをかけながらも唇を動かして語りかけ、病室に入ってくる私を全身で抱きとめんとばかりに、身体を起こそうとするのでした。

一度私が病室を離れていたときに目覚めた母が、私の居ないことに気づいたのでしょう、酸素マスクを外して上半身を起こし、苦しい息で「義郎さーん」と私を呼ぶ声をあげていました。病室に戻った私が慌てて母に駆け寄り、呼吸器をはめようとすると、母は、今度は嬉しそうな声をあげながら、私の腕の中で全身を動かし、身体じゅうで喜びを表現するのです。

「お母様、さあ。呼吸器をはめてください。大丈夫ですよ。私はここにいますから。ずっとここに、いますから」

私も言葉になりませんでした。それでも母はわかったのか、何度も何度もうなずいて、また静かにベッドに横たわりました。

誰にも邪魔をされない、母と子の二人だけの時間。

師走の風も、都会の喧噪も、すべて遮断された静かな空間の中で、ゆっくりと、ゆっくりと流れていく時間。

その時は、次第に、遡っていきました。

——蘇る、時空。

母の膝に抱かれ、母の胸元をそっと開き、母の乳を吸ったあの六歳のときの、安寧に満ち満ちて至福に包まれた時空を、母と二人、過ごしました。

母は永遠に

母への最後の発明

あゝ悲し　あゝ淋し
遂に恐れし時は来ぬ
溢れし愛を
永遠《とわ》に思いつ

母の旅立ちに際して 義郎

一九九九年十二月二十七日午前十時三十五分。

医者は「御臨終です」と告げました。

私は「母が死ねば私も死ぬ」と前から心に誓って決めていました。

だから私が生きていくためには、母は生きていなければならないのです。

母が、死んだら困ります。

しかし心臓も、細胞の働きも止まってしまった遺体を、普通は病院から葬儀屋が引き取り、葬式の後には火葬場で焼いて、骨にしてしまいます。

こんなことは、私には到底できません。

旧《ふる》くは秦の始皇帝も試みたという肉体の永久保存。ナポレオン、スターリンや、J・Fケネディに寵愛されたマリリン・モンローの遺体は、権力にものをいわせて特別な冷凍装置を使って凍結保存されているという話もききます。しかし一般に遺体の保存は難しいとされています。

そこで私の発明力がフルに発揮されるのです。

昔、私が十四才の時に、母への親孝行として母に捧げた発明、「醤油チュルチュル」(灯油ポンプ)。

そして私が七十一才の時に、私が捧げる母への最後の発明。

それは前人未到の「母の永久保存」の発明です。

具体的には、外形の保存と、中味の保存の、両方をやらねばなりません。

それにはまず、病院で待機する葬儀屋は、キッパリ断りました。

そしてまだ温かく、顔の細胞が生きているうちに手早く、母の顔を石膏で覆って型にとり、母の顔とまったく同じものをつくりました。一般には「デス・マスク」というのですが、これは口や鼻孔まで型をとるので、呼吸をして生きている人間ではできません。もっとも、私は母は死んでいないと認識しているので、「デス」ではなく、これは、「メモリアル・マスク」です。

しかし問題がありました。日本にはもとよりそういう習慣がなく、したがってこの著名な大学病院でも経験がなく、技術者もいなくて、

「そんなことはやったことがありませんし、頼まれてもできません」

逆に病院のほうから私に、

「中松博士、それはどういうふうにやるんでしょうか。教えてください」

ときいてくる始末です。

私は自分で石膏を用意して、母の美しい顔を永久保存する作業にかかりました。すると、病室に医師やら看護師やらが集まってきて、ずらっと鈴なりになって母と私を囲み「ほう……」「なるほど……」と感心したような目つきで「見学」しているのでした。

次は中味の永久保存です。

これまでも遺体保存の方法は、外国でもいろいろ試みられていますが、どれも成功していません。だからこの発明が成功すれば、人類史上歴史に残る世紀の発明ということになります。この困難な発明を、母に対する愛と私の執念で完成させたのです。

私が医学博士として、かねてからこの日に備えて研究していた「細胞固定法」という新しい発明によって、それは行われました。そして母は、今も私と一緒にいます。

葬儀屋は呼びません。お寺の戒名も付けません。母には、「〇〇〇大姉」などという死んだ人の呼び名は不要です。そして母にはふさわしい呼び名があるのです。

「聖母」

慈愛に満ち、人々を愛し人々に愛され、聡明で美しい母には、これ以上に相応しい名はありません。

ですから、千七百年続く中松家の石碑の敷地に、母のために大きな区画を用意し、その石碑に私は、

聖母・中松芳野

と刻ませました。石屋の職人は、「戒名以外の名を彫るのは、初めてですよ……」と、半ばふくれっつらで彫っていましたが、これで、母の名が永遠に刻まれました。

「式」の場所も、「卒業式」に相応しい学士会館とし、いわゆる葬儀所などでは行いませんでした。また、お葬式のような祭壇ではなく、もっと卒業式に相応しいものをと、母が好きだった花々で囲い、私が母のために作詞した「私が見ています」の音楽を流し、全参列者が母に向かって声を掛けるところをビデオ収録できる、そのような発明の祭壇を用意しました。

そして式の名前も、Memorial Commencement（想い出の始まる卒業式）と命名し、決して「お葬式」とか「お別れの会」の名前は使わせませんでした。

これも私が母に捧げた最後の発明——お葬式（母は死んではいないのですが）の発明——なのです。

政界、財界、学界等各界の要人、文化人など、たくさんの方々から母に電報を頂き、母がいかに多くの方々から慕われ、愛され、尊敬されていたか、あらためてその偉大さを思う式典となりました。

メモリアルコメンスメントスピーチ

聖母 中松芳野

101歳

明治31年9月28日生れ
フロッピーディスクや灯油ポンプ、セレブレックス、ラブジェットなど3000件以上（エジソンは1093件）の発明をして、米国各市にドクター中松デーが制定されている世界一の発明王ドクター・中松の母。フロッピーの生みの母。

戦前のインテリ女性のエリートとして東京女高師を首席で卒業。

学友からグレタ・ガルボ（米国女優）といわれた美貌。

我が国で初めて女学校に洋式制服を取り入れ、物理、国語、英語の素養が深くスキー教育をカリキュラムに入れるなど先端教育を指導。クリスチャン。

60年以上続けた謡曲、仕舞は師範。

花の造詣が深く、日本画に優れ、荒木十畝の高弟。

関東大震災で負傷した体験から体験から我が国初の総檜造りの耐震家屋を原宿と世田谷に自ら設計建設。

長男中松義郎博士を幼時から発明的環境造りで英才教育することに全力を注ぎ、日本から世界一の発明王を生み出した。

中松博士はこれに応え、5才から発明し、大の親孝行で母芳野さんの台所仕事を楽にするため、麻布中学2年生14歳の時に有名な灯油ポンプを母芳野さんのために発明し、東大2年生の時にコンピュータの革命フロッピーディスクの発明をし、世界に名を轟かせた。

平成11年12月27日午前10時35分肺炎により。101歳3ヶ月
中松義郎博士に対する遺言
「あなたはもっと伸びる、超並です、ガンガンやりなさい。

いつでも見守っていますよ。」

電報を寄せられた方々

（順不同・敬称略）

内閣総理大臣	小渕恵三	新赤坂クリニック院長	松木康夫
衆議院議員	島村宜信	第一勧業銀行頭取	杉田力之
衆議院議員	羽田　孜	am/pm ジャパン社長	秋沢志篤
衆議院議員	田辺国男	フジサンケイグループ代表	羽佐間重彰
衆議院議員	高市早苗	毎日放送会長	齋藤守慶
日本婦人有権者同盟会長	紀平悌子	光文社会長	小林武彦
航空自衛隊幹部候補生学校長	吉田松徳	ラジオ日本社長	升森　長
犬山市長	石田芳弘	ミサワホーム社長	三澤千代治
美川町長	竹内信孝	サッポロビール社長	岩間辰志
東京大学医学部元教授	大島正光	日本石油元社長	山本二郎
青森大学理事長	木村正枝	アイリスオーヤマ社長	大山健太郎

他多数

母の総決算

その母は、このMemorial Commencementを、どこかで見ていたのでしょうか。慈愛に満ちた美しい顔で、穏やかな笑みをたたえながら、きっと見ていたに違いありません。

式の間中、私は母の微笑みを空から感じながらも、しかし私の心を覆っていた雲が晴れることはありませんでした。

「あの時の私の判断は、間違っていたのではないだろうか」

それは、事実としては病院のミスだったかもしれません。

しかしその病院を、衛生的できれいな、環境の整った病院だと考えて母を入院させたのは、この私です。母に申し訳ないことをした――私は、自分を責め続けていました。

今度ばかりではない。

私はほんとうに、今まで、母に孝行をしてきたのだろうか。

有り余るほどの愛を受けながら、私は果たしてその母の愛に報いてきただろうか。

母はことあるごとに、私の存在を喜びとしていることを表してくれていたけれど、それでもほんとうに、私は母を幸福にすることができたのだろうか。

もう何日も、何十日も、私は自問を繰り返していました。

少し落ちついた頃に、私は母の命を、たとえ短い時間ではあってもここに引き止めてくれたあの大学病院に、あらためて挨拶にうかがいました。

母を日々世話してくれていた看護師さんにも、お目に掛かりました。

そのとき、その看護師さんから、私は思わぬことを聞きました。

「お母様は、あの最後の朝を迎えられる少し前に、ぽつりとおっしゃったんですよ――」

母を偲び、懐かしむように看護師さんは、母の言った言葉を続けました。

「私の人生は、幸せでした」――。

一瞬、息をのみました。

すでに私以外の人には笑いかけることも、ものを言うこともなくなっていた母が、私のいないとき、傍で世話をしてくれていた看護師さんに、今際《いまわ》の言葉を託していたのです。

「私の人生は、幸せでした」

私はその言葉を自分の中で何度もつぶやいてみました。

何度も何度も、噛みしめてみました。

母の姿を瞼《まぶた》に浮かべて、何度も、繰り返しました。

やがて母の姿は、涙の向こうに見えなくなりました――。


病院からの帰り道。

陽の落ちた道を一人、歩いていました。

「私の人生は、幸せでした」

脳裏に蘇った言葉に、足を止めました。

そうだ、あれは母の、人生の総決算であったに違いない——。

そう、思いが至りました。

母と二人きりの時間の中。母との原風景に遡っていった時空。

そこで、母もきっと、総決算を行っていたのでしょう。

「私の人生で最も幸福な時期」

私をとりあげたあるドキュメンタリービデオの中で、母がこのようなことを語っていたことを思い出しました。

それは、母が、六歳まで私に乳を飲ませていた頃のことです。

母と私の原風景。

あの最後の日々の二人の時間の中で、蘇った時空。

その時空に、母も私といっしょに遡り、共に過ごしていたのです。

母と子、「一心、一体」となって。

そうして総決算としてはじき出された答えが、あの言葉だったのでしょう。

東風《こち》吹く都会の街角にも、少しずつ春の気配が覗き始めています。

薄闇のどこからか、ほのかに漂ってくる沈丁花の薫り。

月にかかった群雲がゆっくりと流れる大気に払われるように消えてゆき、やがて私も、穏やかな月の淡い明るみに包まれていきました。

雲間からの応援《エール》

街頭で、私は選挙カーの演台にのぼって、マイクを握り、立っていました。

腕を振りながら、まず第一声。

「ガンガンやります！　ドクター・中松」

「なぜそんなに何度も選挙に出るんだ」

不思議がる人には、私の心がまったくわかっていないのです。

「天皇陛下万歳」とベッドで叫んで亡くなった藤村さんが私に託した「今の日本ではダメだ。必ず総理になって日本を再建してほしい」という遺言と、私への真剣な期待を、私は裏切ることができないのです。

また、母の遺言ともいえる「ガンガンやりなさい」という言葉。

「あなたはもっと伸びる。ガンガンやりなさい」

この声が、今も耳に響いているのです。

戻り梅雨の雨が降りしきるなか、それでも道ゆく人々が、その声の主を一目見ようと、選挙カーの前に集まってきます。

「ガンガンやります！　かっこいい！」

「ドクター、がんばってください」

「期待していますよ、ガンガンやってくださいね」

主婦、学生、サラリーマン……、大勢の方に声をかけて頂きました。

演台から降りて、一人一人、集まってくださった方と握手を交わしていると、中には、携帯のカメラを取り出して、

「すみませーん、記念に一緒に撮っていただけますか」

「ああ、私も、お願いします」

若い女性が寄ってきて、横に並んで、

「ドクター・なかま、つうー」

と、ツーの二本指を立てる私が発明したサインを使って、にっこりツーショットで、カメラに収まります。

いやこんなことは、かつての私にはとてもできないことでした。

おおむね理系の人間というのは、無口、口べたで、人付き合いの要領もいいとはいえず、およそ愛想を振りまくことなどできない質《たち》であることが多いものです。この私も、かつてはその例外ではありませんでした。口ベタで自分のほうから人に話しかけるのも苦手といえば苦手だったのですから。

それがここ最近は、こういったことも平気でできるように——、それどころか積極的に(?)やるようになっています。これは、別に選挙スマイルを意識して、無理にやっているのではありません。私自身、楽しんでやっているのです。

これは不思議な現象です。が、理由は明らかです。母が私に乗り移ったのです。母のあの無類の人懐っこさ、誰とでもすぐに仲良くなってしまう親しみのＤＮＡが、私の身体と脳の中で、今にしてようやく目覚めたということでしょう。それは天からじっと見ている母がそうさせていることは、間違いありません。

今や私は完全に、母の生まれ変わりの人間になったのです。

握手攻め、手を振りっぱなしの選挙戦。手首もしびれてくるのですが、マイクを持って、「ガンガンやります！」、これを私は唱え続けていました。

そうして振り向けば、旗を大きく振って応援している母の姿……。

これまでの選挙戦では、いつもそこにあったその姿。この時にはもう、そこに見ることはできません。

そのことを思うと、名状しがたい悲しさと寂しさに、一瞬私の心は曇《くぐ》もるのですが、こうして街角で私の周りに集まってくださる大勢の皆さんを目の前にして、私はその悲しみにも寂しさにも蓋をして、声援に応えていました。

引くことのない人の波に揉まれながら、一時間ほどそこにいたでしょうか。

そろそろ次の場所へと移動しなければなりません。

選挙カーに乗り込もうとしたその瞬間《とき》。

空全体を覆っていた黒い雨雲が細く割れて、一筋の光りがこぼれてきました。

「義郎さん」

微かに、声がきこえたように思えました。

「ガンガンやりなさい」

——お母様だ……。

「いつも見守っていますよ」

母は、雲間から、色とりどりの傘の群れをずっと見ていたのでしょう。

それは母の絵心には、どのように映っていたのでしょうか。

私が乗り込んだ選挙カーは、母がかつて、世田谷から青山や赤坂までを往き来したあのバス通りを辿って、次の街へと向かっていきました。

今や母と完全に「一心、一体」となった私を乗せて——。


（完）

あとがき

この本の原稿の締切日の夜ようやく書き終えて、その翌日タイに飛びました。

タイ国の首相が設立した首相直轄の政府機構、クリエイティブデザインセンターからの招聘です。イギリスなど外国からの講師のあと、大トリで最後に私が講義を行いました。私の講義の入場切符は二日間でアッという間に全部売り切れてしまったそうです。

タイについた翌日から、テレビ、雑誌、新聞など単独インタビューが次から次へとひっきり無しに続きました。そして講義室は六百人分のイスが満席になった上、後ろは立見の人が何重にも囲んでいました。私の講義は拍手が起こったり、ドッと笑いが飛んだり、講義が終わると全員総立ちの拍手――スタンディングオベーションで会場全体が興奮のルツボと化しました。

それは語学力なのです。英語での話し方なのです。思えば三井物産で海外勤務出来なかったので、私は独立すると親元を離れアメリカに飛びました。母はその間さぞかし淋しかったと思います。

私は小さい時から母に英語を習い、麻布中学一年の担任、優れた英語教師であった宮本先生が私を非常にかわいがってくれて、英語力も上がりました。そして高校時代は後にライシャワー大使夫人となった松方ハルさんに外国仕込みの英語を教わりました。

ですが、私がニュージャージのアナフライに米国初の「ヤングインベンターズクラブ」をつくった時、自身をもって創立者としてあいさつしようとしましたが、ダメなのです。私を可愛がってくれたアメリカの新聞王ロイ・ハワードさんの自宅でディナーを御馳走になった時、秘書のナオマがクスクス笑う程の語学力でした。そしてRCA創業者のデビッド・サーノフや銀行頭取、ハリウッド大プロデューサーなど次々に紹介して頂くのですが、なんともうまく話せません。

ところが三年後に突然英語がペラペラになり、夢でも英語でしゃべっているのです。それに加えロサンゼルスの世界発明コンテストでグランプリをとり、「ドクター中松デー」の制定書をロサンゼルス市長から渡されて表彰台に上がった時、客席で見ていたインターナショナル・スピーキング・ソサイエティ（国際弁論協会）のCEOをアメリカ発明協会グナス会長から紹介され、それから英語の弁論法についてプロから特訓を受け、英語の話し方のみならず、表情や姿勢も特訓。

アメリカは面白い国で、大学や会社の格付けも発表しますが、講演者の格付けもするのです。アメリカの権威ある雑誌『ニューズウィーク』に講演者の格付けが発表され、世界で講演料の最も高い十二人が発表されました。米国大統領やハリウッドスターにまじり、日本人として唯一私が入ったのです。私の語学力がここまで昇りつめたのです。私の講演料は高いといわれているアメリカの弁護士料より三倍以上高く格付けされました。今回のタイ政府もこの高い講演料を払ったのです。

その語学力でニューヨークのテレビトークショー『デビット・レターマンショー』、BBCのトークショー『フランク・スキナーショー』に出演してニューヨークやロンドンっ子の大評判となりました。本年はデンマーク映画『世界で最も偉大な発明家　ドクター・中松』に英語で出演しました。

ビジネス面ではシリコンバレーにハードディスク工場を建設したり、ノイス博士とインテルの創業や日本のマーケットへ先導。LPの発明者ゴールドバーグ博士が私の特許を使って3M「M2」を開発したり、これらはすべて高い語学力が基本なのです。

この語学力育成のため、私が母の許を十年も離れて、母としてはとても淋しく悲しかったであろうに、友人には「息子を国際人とする」と強気に言っているのをあとで知ることになりました。本当に私は母を悲しませた大不孝者です。

この母からの贈り物により私はかけがえのない語学力を得たのです。

今当時を思い出し、母への思いで涙を流しながらこの本を書きました。

平成二十年十月吉日　　ドクター中松ハウス書斎にて

ドクター・中松（中松義郎博士）

昭和３年、東京都生まれ。東京大学卒業。国際創造学者。工学、法学、医学、理学、人文学博士。三井物産勤務を経て、ドクター中松創研を創立、CEO。５歳で最初の発明をし、以後フロッピーディスク、灯油ポンプ等、数多くの世界的に著名な発明を生み出す。現在までの発明件数は3357件にのぼり、エジソンの1093件を抜いて、世界第1位。

IBM社に16の特許をライセンスしている世界唯一の個人。

世界天才会議議長や国際発明協会会長を務め、米国科学学会で「世界一の偉大な科学者」に選定。ハーバード大学でノーベル賞受賞者が選ぶIgノーベル賞受賞。またニューズウィーク誌の「世界12傑」に日本人から唯一選ばれる。ロサンゼルス、サンフランシスコ、ニューヨークなど17市州が「ドクター中松デー」を法律で制定。米国市州の名誉市民に選定され、米国シェリフに任命される。米国国会表彰、ガンジー平和賞受賞。教授、上級教授として、スタンフォード大学、シラキュース大学、ペンシルバニア大学、東京大学などで講義。

著書は数十冊にのぼる。近著に『バカと天才は紙一重』（KKベストセラーズ〔KK新書〕）、『ドクター・中松の発明ノート』（PHP研究所）、『東大キャンパスにおける創造学講義』『ドクター・中松の発明伝説』（シーピー）など。

「お母様」

2008年11月11日 第1刷発行
著　者　ドクター・中松（中松義郎博士）
発行者　宮下 玄覇
発行所　ミヤオビパブリッシング
〒150-0001 東京都渋谷区神宮前3-18-16
TEL・FAX 03-3393-5070
発売元　株式会社宮帯出版社
〒602-0062 京都市上京区堀川通寺之内東入
TEL 075-441-7747　FAX 075-431-8877
URL http://www.miyaobi.com
振替口座 00960-7-279886
定価はカバーに表示してあります。
落丁・乱丁本はお取替えいたします。
印刷所　モリモト印刷株式会社

 ISBN978-4-900833-48-7 C0023